LAMENNAIS

D'APRÈS DES

DOCUMENTS INÉDITS

G. Fuchs
FUCHS DEL
HYACINTHE CAILLIÈRE, ÉDITEUR
RF
LITH. LEMERCIER
LAMENNAIS

Lamennais

D'APRÈS DES

DOCUMENTS INÉDITS

PAR

ALFRED ROUSSEL

de l'Oratoire de Rennes

Ne quid veri non audeat.
Tout ce qui est vrai, osez-le.

(Parole de Sa Sainteté Léon XIII.)

TOME I

RENNES

HYACINTHE CAILLIÈRE, LIBRAIRE-ÉDITEUR

PLACE DU PALAIS

1892

D. O. M.

—

A la mémoire vénérée

DE

M. le Chanoine HOUET

Supérieur de l'Oratoire de Rennes

Son très-humble confrère

A. ROUSSEL,

de l'Oratoire de Rennes.

SOMMAIRE

LE DERNIER SURVIVANT DES DISCIPLES DE LAMENNAIS.
SA CROYANCE ABSOLUE DANS LA BONNE FOI DE SON MAITRE.
LES MOTIFS D'ESPÉRER QU'IL EST SAUVÉ.
LAMENNAIS, AMI DE ROME, ENMEMI DÉCLARÉ DES GALLICANS ;
ULTRAMONTAIN DE LA PREMIÈRE HEURE.
IL EST PARTISAN DE L'INFAILLIBILITÉ DU PAPE
ET DE LA SOUVERAINETÉ DU PEUPLE.
ACHARNEMENT DE SES ADVERSAIRES, DES GALLICANS SURTOUT.
TOURMENTEURS CRUELS ET RIDICULES.
HAINES VIGOUREUSES DE LAMENNAIS.
ROUR N'AVOIR PAS A MAUDIRE, IL S'EFFORCE D'OUBLIER.
LAMENNAIS HOMME DE CŒUR. — PLAN DE CE TRAVAIL.

INTRODUCTION

Le 30 mai 1890 mourait, à l'âge de 84 ans, M. le Chanoine Mathurin Houet, Supérieur de l'Oratoire de Rennes. Dernier disciple survivant de Lamennais, il avait conservé, pour son ancien maître, l'estime la plus profonde et l'affection la plus vive. Tout en déplorant les écarts de l'infortuné philosophe, il ne mit jamais en doute sa sincérité. Qu'on nous permette de citer, à ce sujet, l'anecdote suivante. Un jour que l'on parlait de Lamennais, en sa présence, quelqu'un vint à dire : « Il n'était pas de bonne foi ! » M. Houet, demeuré silencieux jusque là, tressaillit à cette parole et il s'écria, avec l'accent de la conviction la plus profonde : « Comment, M. de Lamennais n'était pas de bonne foi ? Mais c'était l'homme le plus franc, le plus loyal que j'aie jamais rencontré. » Et il jeta un regard d'indignation sur celui qui s'était attiré cette vive réplique.

Lamennais, on le sait d'ailleurs, fut peut-être encore moins

admiré qu'aimé de ses disciples. Lorsqu'après sa chute, ils
durent se séparer de lui, l'affection qu'ils lui gardèrent de-
meura intacte : ils plaignirent « l'ange déchu », comme on
disait alors, mais ils continuèrent d'aimer celui qui les avait
tant aimés ; ils n'oublièrent point qu'ils lui devaient, après
Dieu, les uns la foi, les autres leur vocation ecclésiastique,
tous l'amour, disons mieux, la passion de la vérité. Chacun
d'eux pouvait redire, pour son propre compte, ces paroles
d'Eugène Boré : « J'ai grandi sous ses ailes et c'est lui qui,
par son enseignement, m'a appris à connaître toute la grandeur et la sainteté de la religion catholique ». Puis après
avoir parlé de la nouvelle doctrine professée par Lamennais
dans le « Livre du peuple » dont la lecture lui suggérait ces
réflexions, M. Boré ajoutait : « Jusque là je ne puis suivre le
maître et je m'en sépare, trop heureux de voir et de comprendre encore la même vérité qu'il m'a fait connaître. » (1)

Après sa rupture avec l'Eglise, Lamennais ne chercha
point à entraîner ses anciens disciples de la Chesnaie et de
Malestroit, non plus que nul autre, dans la voie nouvelle où
il s'engageait. (2) Nous voyons que, plus tard, plusieurs

(1) Journal intime, 15 nov. 1838, cité par l'auteur de la Notice
biographique d'Eugène Boré, p. 25.

(2) En 1845, Laurentie eut, un jour, avec Lamennais, une conversation qui dura trois heures : « Toutes les vieilles questions furent
remuées, raconte Laurentie, et comme elles l'étaient en sens contraire de ma croyance de chrétien et de catholique, j'étais navré, et
je dis à M. de Lamennais ma douleur. Il se méprit à mes paroles,
et s'écria avec tendresse : « Oh ! mon ami, je serais le plus malheureux des hommes, si ce que je vous dis devait vous ôter la foi ».
(Union 10 Mars 1864). Cité par l'abbé Ricard. *Lamennais* 2ᵉ édition
p. 403.

d'entre ceux-là, Eugène Boré notamment, multiplièrent les démarches, discrètement, sans doute, mais résolument, parce qu'ils avaient à cœur de réussir dans la mission qu'ils s'imposaient, pour décider leur ancien maître à revenir sur ses pas et à reprendre les croyances qu'il leur avait communiquées et qui faisaient leur bonheur, nous ne sachions pas que Lamennais ait jamais songé à se servir de son ascendant sur eux pour les détourner de la vérité catholique ; il ne chercha point à éteindre les flambeaux qu'il avait lui-même allumés.

M. Houet, après la dispersion du petit cénacle, continua ses relations avec M. Féli qui, de son côté, lui garda toujours son affection ; mais, il va sans dire, que ces relations ne furent plus que ce qu'elles devaient être, celles d'un *ancien* disciple avec son *ancien* maître. M. Houet ayant habité Paris, durant quelques mois, en qualité d'aumônier, profita de son séjour, près de ce dernier, pour l'aller voir, de temps à autre. Il était toujours reçu avec empressement, alors même que la porte du célèbre écrivain était consignée sévèrement. M. Lamennais habitait alors rue Tronchet. Or, ce fut à sa sortie de Sainte-Pélagie (1842), qu'il fixa son domicile, au n° 13 de cette rue. C'est à cette époque, sans nul doute, que remonte le billet suivant, adressé à « M. Houet, 49, Rue du faubourg Saint-Jacques. »

« Si je pouvais, mon cher Houet, être utile à la personne dont vous me parlez, je la recevrais avec grand plaisir ; mais, dans l'impuissance où je suis de lui être bon à rien, je désire éviter une visite pénible. Vous me trouverez toujours vers midi. Gardez ce billet qui vous servira de passe-port, si le portier refusait de vous laisser monter. Votre bien affectionné et dévoué.

F. LAMENNAIS

28 Octobre. »

M. Houet nous racontait, un jour, à ce sujet, que Lamennais avait chez lui, dans cet appartement de la rue Tronchet, une statue de la Très-Sainte Vierge à laquelle il tenait beaucoup. Il voyait, dans ce détail, la preuve que son infortuné maître, au milieu même de ses plus grands égarements intellectuels, conservait un reste de dévotion à Marie, ce qui le rassurait un peu sur sa destinée finale. Son affection filiale ne lui permettait pas une autre hypothèse.

M. Houet faisait bon marché de certaines révélations prophétiques de nos jours.

Sa foi était trop éclairée pour être superstitieuse et pourtant, il était un point sur lequel il ne demandait pas mieux que de s'illusionner. Nous nous souvenons, en effet, qu'un jour, nous parlions devant lui de la triste fin de Lamennais. Son dernier regard, lui disions-nous, ne fut-il donc pas éclairé de « cette lumière pénétrante, inexorable, qui, comme il l'avait dit si éloquemment autrefois, nous apparait aux derniers moments comme un crépuscule de l'éternité » (1) ou refusa-t-il obstinément d'ouvrir ses yeux mourants à sa « lueur ? » — « Ayons bon espoir » nous répondit le vénérable vieillard, d'une voix émue. Puis, il ajouta, sur un ton

(1) Œuvres posthumes. Correspondance. Tome II, p. 147.

plus bas, comme s'il n'eût voulu être entendu que de lui-même : « Il a été révélé à une sainte religieuse, que M. de Lamennais est sauvé. » On sentait qu'il avait besoin de croire au salut de celui qu'il avait toujours tant aimé : c'était un besoin de son cœur. Celui qui sut inspirer à tant d'âmes d'élite une affection si profonde et si durable fut mieux qu'une grande et sublime intelligence, ce dut être un noble cœur.

Dans les papiers de M. Houet, je trouve cette note que je transcris fidèlement :

« Léon XII disait de M. Féli à M. Warin, son compagnon de voyage, à Rome, en 1824 : C'est un homme qu'il faut conduire avec la main dans son cœur. (sic) »

On sait que Léon XII avait, dans son cabinet de travail, le portrait de Lamennais et qu'il projetait d'élever à la pourpre l'auteur de l'*Essai sur l'indifférence* (1). Il le fit sonder, à cet égard, mais comme il semblait demander, en retour, qu'il se fixât à Rome, Lamennais répondit qu'il ne consentirait point à s'exiler. Bien que la France lui parût glisser rapidement sur la pente de l'abîme des Révolutions, d'où elle sortait à peine, et qu'il sût ses efforts impuissants à la retenir, parce qu'elle refusait d'écouter sa voix et de suivre ses avertissements, pourtant prophétiques, l'avenir ne le démontra que trop, il lui disait, ce que lord Byron disait à sa patrie :

.. With all thy faults I love thee still (2).

(1) Œuvres posthumes de Lamennais. Correspondance. Notes et souvenirs de l'éditeur, E. Forgues. p. XL, XLVI et suiv. — Essai biographique sur M. F. de Lamennais, Blaize, p. 101.
(2) Byron. Beppo.

Aussi, refusait-il de la quitter, cette pauvre France ; et plus tard, s'il parle de s'établir en Syrie et qu'il se fasse donner, à ce sujet, des renseignements par Lamartine (1), ce ne sera jamais qu'un projet qu'il se donnera garde de réaliser ; son cœur de patriote le lui défendait. Et pourtant, Rome, à ce moment même de sa vie, quel nom magique pour Lamennais ! Au milieu des contradictions sans nombre, des déboires, des angoisses qui étreignent déjà son cœur, en attendant de le broyer, avec quelle confiance, quel amour ne tourne-t-il pas vers Rome ses regards de catholique et de prêtre, saintement mais passionnément épris des charmes divins de sa Mère ! Rome, qui ne lui faisait pas oublier la France, était bien alors cependant la patrie de son âme et il lui disait, lui aussi, dans toute la sincérité, toute l'ardeur de son amour filial :

O Rome ! my country ! city of the soul !
The orphans of the heart must turn to thee (2).

Viendra le jour, et il ne tardera pas, hélas ! où cet « orphelin du cœur » détournera, pour jamais, ses regards et son amour de Celle qui seule pouvait le consoler et verser, sur les plaies de son âme, un baume vivifiant et salutaire.

Lamennais souffrit beaucoup pour Rome, avant de souffrir

(1) Voir Confidences de Lamennais, lettres inédites, publiées par M. de la Villerabel : lettre à M. Marion, 4 jan. 1834. Dans cette Introduction, nous allons faire de nombreux emprunts à ces lettres, particulièrement intéressantes, parce que, écrites sans la moindre préoccupation littéraire à un ami intime, elles dévoilent, dans toute sa candeur, l'âme demeurée toujours naïve du grand écrivain.

(2) Byron, Childe Harold, LXXVIII.

de Rome. Les idées ultramontaines de ses ouvrages l'avaient rendu, pour le moins, aussi odieux que redoutable aux Gallicans ; et ils étaient fort nombreux encore, ils étaient même l'immense majorité, parmi ceux qui, dans la France ravagée par l'esprit révolutionnaire et voltairien, s'intéressaient encore aux choses de l'Eglise. Le Journal l'*Avenir* traversait sa brillante mais courte carrière : il défendait la double cause de Dieu et de la liberté, qui, au fond, est la même. Pour les uns, Dieu suffisait ; pour d'autres, il était de trop ; ceux-là exagéraient l'autorité religieuse et civile, jusqu'au despotisme le plus intolérant ; ceux-ci faisaient dégénérer la liberté en une licence effrénée ; tous s'accordaient à combattre l'*Avenir* qui, à leurs yeux, ne remplissait qu'à moitié leur double programme, bien qu'il le réalisât dans la mesure où il était, peut-être, légitime. La publication du journal fut suspendue ; les Rédacteurs, « le bâton du voyageur à la main » allèrent « consulter le Seigneur en Silo » (1). Ce fut huit jours après la disparition de l'*Avenir* que Lamennais s'achemina vers Rome.

Ici, nous avons une seconde note de M. Houet.

« M. de Lamennais part pour Rome, le 22 novembre 1831, avec M. Lacordaire. Il put dire alors comme le Prophète-Roi : Extraneus factus sum fratribus meis et peregrinus filiis matris meæ, quoniam zelus domus tuæ comedit me. » (2).

Le tort de Lamennais (il fut grand, puisqu'il lui dut le

---

(1) Avenir, mardi 15 nov. 1831.
(2) Ps. LXVIII. 9.

malheur de son apostasie), ce fut de s'obstiner à défendre l'Eglise autrement qu'elle ne voulait être défendue ; autrement, par suite, qu'il ne devait la défendre.

Nous ne parlerons pas des doctrines de Lamennais. Qu'on nous permette seulement d'observer que plusieurs d'entre elles, et certes non les moins importantes, n'ont rien perdu de leur actualité.

Dès 1814, dans l'ouvrage intitulé : « Tradition de l'Eglise sur l'institution des Evêques » et publié en collaboration avec son frère, Lamennais proclamait hautement sa croyance à l'infaillibilité du pape, il la garda tant qu'il garda la foi chrétienne elle-même. Ce dogme, aujourd'hui si français, dirions-nous, si nous l'osions, était fort peu gallican : le gallicanisme fut même son adversaire le plus irréconciliable ; or, à l'époque où parut ce premier ouvrage considérable de Lamennais, le clergé de France, nous l'avons dit, était, en général, partisan de la déclaration de 1682 et infatué d'idées assurément fort peu ultramontaines. Voyant leur citadelle attaquée à l'improviste, par ce jeune et vigoureux champion, les vieux tenants du gallicanisme poussèrent les hauts cris et opposèrent une résistance acharnée. Ils avaient raison de craindre, car aujourd'hui cette citadelle est plus que demantelée : elle est ruinée, de fond en comble, depuis le jour où fut proclamé le dogme de l'infaillibilité pontificale, aux applaudissements de l'univers catholique tout entier, mais spécialement de la France et du clergé français, acquis, depuis longtemps, à la croyance nouvellement promulguée. Les quelques opposants qu'elle rencontra au Concile, dans les rangs de l'épiscopat, ne servirent, grâce au talent vraiment

supérieur avec lequel ils défendirent leur sentiment, qu'à
augmenter le retentissement de sa promulgation (1).

Lamennais fut aussi le partisan déclaré de la séparation
de l'Eglise et de l'Etat. Pour lui, le Concordat n'était et ne
pouvait être qu'un assujettissement de la première au second ;
c'était pour l'Eglise, selon lui, « une garantie... de servi-
tude ». Les gouvernements nombreux qui, depuis moins
d'un siècle, se sont succédé en France, n'ont pas toujours
donné tort à Lamennais. Il est certain que si nous avons
souvent vu l'Etat libre, vis-à-vis de l'Eglise, il nous a été
donné de voir moins souvent l'Eglise libre vis-à-vis de l'Etat.

La liberté de la presse fut réclamée opiniâtrément par
Lamennais. « En réalité, disait-il, c'est pour le bien que je
réclame cette liberté, le mal l'a déjà depuis longtemps. » Ce
langage qu'il tenait déjà sous la Restauration n'a peut-être
rien perdu de son à-propos.

Sa doctrine du sens commun le conduisit, de bonne heure,
à proclamer la souveraineté du peuple, théorie qui parut
absolument nouvelle, bien qu'elle eût été appliquée par les
Républiques anciennes, du moins dans une certaine mesure.
Son application complète est le suffrage universel. L'homme
qui se fit l'initiateur de ces grands mouvements qui ont conduit la société actuelle au point où elle est, plus près de son
salut... ou de sa ruine, ne fut certes pas un esprit vulgaire.

Lamennais eut le regard perçant. Il vit de loin, de trop
loin, peut-être ; car lui seul apercevant parfois ce qu'il indi-

(1) Parmi ces prélats, éminents par leur science et leurs vertus,
qu'il nous suffise de citer, en nous bornant à la France, les Dupan-
loup, les Darboy, les Maret.

quait aux autres, il passa, aux yeux du grand nombre, pour
un visionnaire. Son style apocalyptique ne contribua pas
médiocrement à lui acquérir cette réputation. Quelques-uns
même l'accusèrent d'exagération volontaire et de mauvaise
foi : ceux-là venaient de trouver le moyen le plus sûr de
l'exaspérer et de le précipiter dans les excès qu'ils voulaient
peut-être lui faire éviter. Les exagérations de Lamennais
furent le plus habituellement inconscientes : elles furent le
résultat de son tempérament fougueux, ennemi déclaré des
compromis ; quant à sa bonne foi, nous la croyons indiscu-
table : il s'est trompé souvent, et souvent sur les matières
les plus graves, il l'avouait le premier, mais il ne songea
point à tromper. S'il patronna l'erreur, c'est lorsqu'elle se
fut affublée, à ses yeux, du manteau de la vérité et qu'il la
prit pour la vérité elle-même. Ses erreurs involontaires ne
démontrèrent que trop éloquemment sa thèse favorite, à
savoir, l'incurable infirmité de la raison individuelle.

Rome a condamné ce qu'il y avait de condamnable, dans
les doctrines de Lamennais. Celui-ci commença par se soumettre. Il obéit, tout d'abord, à l'encyclique du 15 août
1832. Quelques mois plus tard, parurent les trop fameuses
« Paroles d'un Croyant », que Grégoire XVI flétrit publiquement, dans une seconde encyclique du 15 juillet 1834.
Lamennais qui n'était plus retenu à l'orthodoxie que par un
fil, rompit ce faible lien et l'aigle qui planait, jusque là, dans
les régions les plus sublimes, descendit, à plein vol, et de tout
le poids de son génie, s'il nous est permis de parler ainsi,
dans l'abîme ténébreux de l'erreur et de l'incroyance. Lui qui
professait, jusqu'à l'exagération, l'impuissance de la raison

individuelle, aima mieux écouter les extravagances de la
sienne que de prêter l'oreille à cette grande voix du Pape
dont il avait proclamé si haut, jusqu'alors, « l'infaillible et
douce autorité. » (1).

Comment expliquer cette monstrueuse et déplorable incon-
séquence, de la part d'une intelligence si pénétrante et d'une
âme dont ceux qui ont été à même de l'étudier de plus près
ont toujours attesté la parfaite loyauté ? Hélas ! c'est par des
fissures, quelquefois imperceptibles, que pénètre, pour ainsi
dire, goutte à goutte, l'eau qui doit faire sombrer le plus
puissant vaisseau.

Son neveu, Ange Blaize, dit quelque part qu'il n'aimait
pas la contradiction :

« Ses contradicteurs en religion, en philosophie, en politique étaient à ses yeux des adversaires inintelligents ou de
mauvaise foi. Il employait contre eux une rudesse de paroles, une acrimonie qui allait souvent jusqu'à l'invective » (2).

Ce qui impatientait le plus Lamennais, croyons-nous,
c'étaient les ennemis ridicules et certes il n'en manqua pas ;
et pourtant, comme ils n'étaient que ridicules, il eût dû
les mépriser ; par malheur, il leur accorda de l'importance et
se les rendit dès lors dangereux.

Sa condamnation à Rome fut poursuivie, par certains de
ses adversaires, avec un acharnement qui n'avait pas pour
unique mobile, à leur insu peut-être, l'amour de la vérité !

____

(1) Lamennais. Avenir, 15 nov. 1831. Dernier numéro, presque
dernière ligne.

(2) Essai biographique, p. 233.

Rome résista longtemps à la fougue intempérante de ces
esprits médiocres qui ont trouvé, pour éviter les écarts de la
pensée, l'excellent moyen de ne jamais penser par eux-mêmes
et qui, par suite, sont d'autant plus sévères pour les autres
qu'ils ignorent « les angoisses de la recherche de la vérité »
dont parle Saint-Augustin qui les connut : ce qui, outre sa
grande âme — car une grande âme est généreuse — le
rendit toujours indulgent pour son prochain.

Lorsque Rome, après avoir tardé tant qu'elle put, se
décida enfin à parler, ce fut une clameur enthousiaste, de
la part de ces jalouses médiocrités.

Ces tristes personnages, oubliant le bien immense, opéré
par les premières publications de Lamennais, ou, peut-être,
ne s'en souvenant que trop, se montrèrent impitoyables dans
ce qu'ils n'étaient pas loin de considérer comme un triomphe
personnel. A les entendre, le souverain Pontife était moins
un père qui réprimandait un fils, toujours aimé, qu'un juge
inflexible qui frappait un criminel endurci ; et, pour eux, ils
s'improvisaient, de gaîté de cœur, les exécuteurs du condamné.

Parmi eux, sans doute, se trouvaient un grand nombre
d'hommes de bonne foi qui croyaient naïvement démontrer
d'autant mieux leur attachement à l'orthodoxie qu'ils pour-
suivaient plus implacablement celui qui venait de s'en
écarter.

Tous le harcelaient sans pitié, avec une sorte de rage qu'ils
prenaient pour un saint zèle. Ils auraient voulu le piétiner,
si cela eût été dans leurs moyens, mais le moucheron doit
se contenter de tourmenter le lion, il ne saurait l'écraser.

Dans une lettre du 9 octobre 1844, à son ami M. Marion, Lamennais se plaint de certains ennemis domestiques dont il ne parvenait pas à se débarrasser :

« Il en revient sans cesse, disait-il, par les fentes des planchers et des plafonds ».

Il ajoutait :

« Les bruits intérieurs m'incommodent aussi. Ce sont de petites choses, si l'on veut, mais ces petites choses deviennent insupportables à la longue. » (1)

Avec son extrême sensibilité, due à son tempérament essentiellement nerveux, ce n'était pas à la longue, mais c'était fort vite que ces agaceries, d'ailleurs cruelles, lui devenaient insupportables.

Comme, dans cette Introduction, nous étudions le caractère de Lamennais, on nous pardonnera ces citations et celles qui vont suivre ; ces petits détails nous le peignent au naturel : ce sont eux, à vrai dire, qui nous livrent le secret d'un mystère qui autrement risquerait d'être impénétrable.

Quand il le pouvait, il se vengeait ; quelquefois même d'une façon assez mesquine pour un grand homme et fort peu galante pour un Français.

« J'ai au-dessus de moi une grosse Anglaise avec laquelle je suis en guerre ouverte. Malgré les représentations que je lui ai fait faire par le portier, elle s'obstine à me réveiller vers dix ou onze heures par un tapage qui dure assez longtemps et je ne dors plus le reste de la nuit. Voyant cela, une heure après qu'elle s'est mise au lit, je me lève et lui rends tout le bruit *au moins* qu'elle m'a fait. Cette femme

(1) Confidences de Lamennais, 298.

est furieuse et jusqu'ici je ne sais comment cela finira ; ce qu'il y a de sûr, c'est que je ne céderai pas. » (1)

Il céda pourtant, et l'Anglaise, qui était « Française bel et bien », comme il le dit, en revenant sur cet incident (2), finit, malgré les promesses du propriétaire à Lamennais, par demeurer maîtresse du champ de bataille. Il déménagea.

Les *tourmenteurs* attitrés dont nous parlions plus haut le décidèrent aussi hélas ! à déserter la Maison qui, jusqu'alors, avait abrité son génie et sa foi.

Il écrivait encore à M. Marion :

« J'ai rencontré des attaques perfides et méchantes de la part de gens que d'anciennes relations devaient rendre plus réservés que d'autres, mais je m'habitue à cela. » (3)

Non, il ne s'y habituait pas et il ne s'y habitua jamais : l'infortuné se faisait illusion.

Lamennais eut toujours la passion du dévouement : il se donnait à plein cœur, mais il se reprenait de même, si je puis ainsi parler, complètement et sur-le-champ, toutes les fois qu'il apercevait ou croyait apercevoir de l'ingratitude dans les objets de son dévouement. Ceci explique, dans une certaine mesure, sans les justifier certes, les haines vigoureuses dont il poursuivit, sinon peut-être les personnes dont il pensait avoir à se plaindre, du moins les institutions qu'elles représentaient. Après avoir commencé par défendre avec le zèle le plus ardent, le plus impétueux, et le talent supérieur que l'on sait, le trône et l'autel, pendant la pre-

(1) Lettre à M. Marion 27 janv. 1839. (Conf. p. 182).
(2) id.   6 mars 1839.
(3) id.   18 nov. 1836.

mière moitié de sa vie de publiciste et de philosophe, il sapa l'un et l'autre, le trône surtout, avec un acharnement infatigable, pendant la seconde moitié, parce qu'il avait rencontré un pape et un roi qui n'avaient pas su reconnaître, à son gré, son dévouement ni ses services. Non qu'il ambitionnât des récompenses personnelles, car ce fut peut-être l'homme le plus désintéressé que l'on vit jamais :

« On a noué à Rome des intrigues pour m'y attirer et m'y clore la bouche avec je ne sais quoi. Je me suis expliqué là-dessus si nettement, qu'il ne me paraît pas probable que l'on donne quelque suite à ce projet. » (1)

Non, ce qu'il demandait (c'était déjà trop), c'était qu'on le laissât se dévouer complètement, gratuitement, mais *à sa façon*. Or, quand il s'agit de choses aussi graves, entr'autres, que les intérêts de l'Eglise (ne parlons que de ceux-là, sans méconnaître l'importance des autres), si on les prend, il est assez juste qu'on les prenne de la façon et dans la mesure où l'Eglise elle-même le désire. Nous l'avons déjà dit : Lamennais ne voulut pas le comprendre ; il ne vit, dans les revendications les plus légitimes, que persécutions imméritées et même qu'ingratitude. Puis, confondant parfois les personnes et les choses, il engloba les unes et les autres dans la même réprobation.

Sur la fin de sa vie, Lamennais s'isola de plus en plus. Sans

____

(1) Lettre à M. Marion 31 janvier 1834. (Confidences, p. 100).

M. de la Villerabel, explique, dans une note, ce dont il s'agissait : « Allusion au chapeau de Cardinal que le Saint-Siège avait songé à donner à Lamennais, comme gage de paix. » — Nous avons vu plus haut que Léon XII lui avait déjà fait la même proposition, indirectement au moins.

doute, il demeurait fidèle à ses anciens amis ; et, s'il cessa toutes relations avec quelques uns d'entre eux, c'est qu'il craignait de les compromettre, ou qu'il avait peur que ces relations ne fussent plus agréables que pour lui seul, mais on peut affirmer, sans crainte de se tromper, qu'il ne cessa point de les aimer ; je parle évidemment de ceux qui ne se rangèrent pas parmi ses contradicteurs acharnés ; car, pour les autres, il s'efforçait de les oublier et quand il n'y parvenait pas, c'était pour y penser ou pour en parler avec amertume et regret.

Il écrivait à son frère avec lequel, durant de longues années, il avait refusé d'avoir tout rapport, parce qu'il le considérait, bien à tort certes, comme « ayant exercé une influence funeste sur sa vie tout entière. » (1)

« Complètement seul dans mon intérieur, ma vie est des plus tristes. Que faire à cela ? Nul n'y peut rien ; c'est la suite naturelle, la conséquence inévitable de la vieillesse. » (2)

Ajoutons que c'était aussi *la conséquence inévitable* de son tempérament.

Si nous ne craignions de prendre un air paradoxal, nous dirions que Lamennais ne puisa ce qui parut être la haine la plus âpre que dans l'ardent besoin d'aimer qu'il ressentit en lui ; son cœur fut un brasier ou plutôt une fournaise inextinguible, mais qui devenait facilement un foyer incendiaire.

Dans ces pages, nous avons cherché à réhabiliter, aux

(1). Lettre à M. Marion 15 février 1840. Voir la note dont M. de la Villerabel accompagne la publication de cette lettre.

(2). Lettre du 1ᵉʳ février 1848, publiée par S. Ropartz : « La Vie et les Œuvres de M. Jean de Lamennais », p. 469.

yeux de certaines personnes, égarées par leurs préventions, non l'écrivain (il n'en aura jamais besoin), ni le philosophe, tombé dans les négations de la ·libre-pensée (il ne saurait l'être), mais l'homme, simplement l'homme.

Lorsque Dante rencontre, pour la première fois, son Maître, il lui demande s'il est une ombre ou un homme véritable. Virgile lui répond :

Non uom', uomo già fui. (1)

Lamennais, grand poète, lui aussi, comme Virgile et Dante auquel il consacra ses dernières veilles, fut toujours un homme et un homme de cœur. C'est ce que nous avons essayé d'indiquer dans ces quelques lignes.

Sa déplorable désertion ne dessécha pas ce cœur vaillant, comme on s'est trop complu à le dire. Si ce général abandonna ses soldats pour passer à l'ennemi, nul de ceux-ci ne songea à le maudire, ni à le taxer de félonie : tous se rappelèrent qu'il avait été pour eux plus qu'un chef, un père ; ils savaient qu'il demeurait de bonne foi et chacun d'eux lui dit, avec larmes :

.... My father ! I acquit you !

tout en se demandant, avec angoisses :

But will the world do so ? Will even the Judge ? (2)

Le monde oublie Lamennais : il ne le condamne pas. Pour la dernière question, la seule qui importa jamais à l'âme de l'infortuné grand homme, nous savons comment son dernier disciple survivant, M. Houet, y répondait. Pourquoi faut-il hélas ! que cette réponse n'en soit pas une ? —

(1) Inf. canto I.
(2) Lord Byron, Werter. Ulric à Werter.

Heureusement nous avons des raisons sérieuses d'espérer, et
d'ailleurs, si Dieu est Justice, il est aussi Bonté.

Voici le plan que nous avons adopté, pour la présente
publication.

Les documents que nous avons recueillis et qui tous sont
inédits, (1) nous les publierons, suivant leur ordre chronologique ; nous avons pensé que c'était l'unique moyen de
suivre Lamennais dans les phases diverses de sa transformation. Nous nous réservons de donner, au fur et à mesure
que l'occasion l'exigera, les explications nécessaires, toutes
les fois, bien entendu, que cela nous sera possible.

Ce que nous présentons au public, ce n'est pas une mois-
son ; c'est une simple gerbe, mais une gerbe composée d'épis
tombés, pour la plupart, de la main même de Lamennais ou
du moins ramassés dans son champ ; cela doit suffire, pen-
sons-nous, pour les sauver de l'indifférence et de l'oubli.

Nous tenons, tout d'abord, à remercier Madame la chanoi-
nesse, Comtesse de Trémaudan, légataire universelle de M.
Houet, d'avoir bien voulu mettre à notre disposition les
papiers de celui-ci, pour les publier.

Nous remercions également M. l'abbé Querret de nous
avoir confié, dans le même but, la correspondance de
Lamennais avec M. Querret, son père.

Enfin, nous ne saurions trop, non plus, témoigner notre
reconnaissance à M. le baron de Kertanguy, petit-neveu de
Lamennais, lequel, en son nom et au nom de tous les siens,
nous a autorisé à publier ces documents.

-----

(1) A l'exception cependant de deux ou trois : nous aurons soin
d'en avertir le lecteur, en temps et lieu.

Si je pouvais, mon cher Bonet, être utile
à la personne dont vous me parlez, je la recevrai
avec grand plaisir ; mais, dans l'impuissance
où je suis de lui être bon à rien, je déteste
éviter une visite pénible. Vous me trouverez
toujours vers midi. Gardez ce billet, qui vous
servira de passe-port, si le portier refusait
de vous laisser monter. Votre bien affectionné
et dévoué

F. Lamennais

20 - 8bre

CHAPITRE PREMIER

Voici un premier document qui établit la
filiation des La Mennais ou plutôt des Robert,
car ils ne furent d'abord connus que sous ce nom.
Cet écrit est sans date, mais il doit remonter au
siècle dernier, peut-être même à la première
moitié. Il est intitulé : « Notes historiques » : je
le transcris littéralement, comme d'ailleurs je le
ferai pour les autres.

— Jean Prairier, marié à Guyonne Le Maistre
était capitaine de navire à St-Malo ; par suite de
ses voyages il resta au Cap français, isle St-Domin-
gue où il avait une habitation près le Cap, ce qui

s'apprend par des lettres qu'il écrivait à sa femme en 1690. Alors François Robert, son gendre, commandait un navire de 40 canons, armé en guerre et marchandise. Peu de temps après cette époque la France se trouva en guerre avec l'Espagne qui s'arma par terre et par mer pour prendre la ville du Cap, ce qui leur réussit *(sic)*.

Jean Prairier se crut obligé de se réunir à l'armée française et fut tué dans la bataille. A cette époque François Robert, son gendre, qui commandait un navire se trouvait dans la rade du Cap. Prairier, prévoyant le malheur qui devait lui arriver, conseilla à Robert de se rendre avec son vaisseau au Port au Prince, afin de n'être pas pris par les Espagnols, ce qu'il fit, en lui disant que si, sous huit jours après la bataille qui aurait lieu, il ne recevait pas de ses nouvelles, c'est qu'il n'existerait plus et qu'il n'avait d'autre parti à prendre que d'appareiller au plus vite pour retourner en France, ce qu'il exécuta; mais il mourut à la mer en retour de son voyage et laissa à sa veuve 70 à 80 mille livres. Ceci se passait en 1695. —

Ce François Robert Des Saudrais laissait, outre sa veuve, Marie Prairier, un fils mineur qui s'appelait François, comme lui. Plus tard, celui-ci épousa Marie Hyver des Rivières. Il habitait Saint-Servan. Le 8 Mai 1717 il eut un fils nommé Louis-François. A son nom patronymique de Robert, il ajouta celui de Mennais que l'on voit paraître pour la première fois : c'était le nom d'une métairie que la famille possédait dans la commune de Trigavou.

En 1742, Louis se maria, en premières noces, à Marie-Thérèse Padet Dudreneuf qui mourut à Saint-Servan au mois de mai 1744, après lui avoir donné deux fils, tous deux nés à Saint-Servan, l'aîné, Pierre-Louis Robert, le 10 juin 1743 ; l'autre, Denis-François, le 14 mai 1744. Quand on rapproche la date de la naissance de ce dernier et celle de la mort de sa mère, on arrive à conclure que celle-ci très probablement mourut en couches.

Louis Robert se remaria, en avril 1752, à Jeanne Robert Perrine Briand de la Feuillée.

Pendant que son aîné conservait le nom de Mennais, Denis reprenait celui de son aïeul et de son bisaïeul ; il se faisait appeler Robert des Saudrais.

Les deux frères épousèrent, le même jour (5 septembre 1775), les deux filles de Pierre Lorin, sénéchal de la juridiction civile et criminelle de Saint-Malo.

La femme de Pierre-Louis avait pour prénom Gratienne. Les deux époux habitèrent Saint-Malo : ils eurent six enfants, tous nés dans cette ville : Louis-Marie naquit le 12 septembre 1776 ; Pierre-Jean, le 24 juin 1778 ; — Jean-Marie le 8 septembre 1780 ; — Félicité le 19 juin 1782 [1] ; — Marie-Joseph, le 25 février 1784, et Gratien-Claude le 2 mai 1785.

Marie épousa, en 1814, Ange Blaize dont elle eut plusieurs enfants, et entre autres une fille nommée Augustine, qui, dans la suite (1836), épousa M. Elie de Kertanguy, décédé en 1846.

---

(1) A trois heures de l'après-midi, comme il l'écrivit en juin 1845, à M. Marion : « Le 19 de ce mois, à 3 heures de l'après-midi (vous voyez que je sais mon affaire), j'aurai 63 ans accomplis : Dies hominis super terram pauci et mali. Tant que dureront les miens, je vous aimerai, cher, et c'est ce que j'y trouve de plus doux ». (Lettre publiée par M. de la Villerabel).

Mme de Kertanguy assista aux derniers moments de son oncle Félicité qui l'établit sa légataire universelle ; elle est morte le 9 Mai 1891. Jean-Marie fut le saint prêtre et le grand homme de bien que chacun sait.

M. Pierre-Louis de Lamennais fut anobli par lettres patentes du 12 Mai 1788.

Nous avons pensé que ces documents biographiques, donnés jusqu'ici, d'une façon incomplète ou inexacte, ne seraient pas sans intérêt pour ceux qui désirent connaître Lamennais, dans tous les détails de son origine ; à plus forte raison, pour ceux qui, plus tard, seront tentés d'écrire sa vie.

La boutade qui suit est le premier autographe, pour la date, que nous ayons de Lamennais. Elle doit remonter, d'après les indications que nous donna verbalement M. Houet, il y a cinq ans, aux premiers temps de l'Empire, vers 1805 ou 1806, lorsque les deux frères, Jean et Féli, étaient retirés à la Chênaie, pour refaire un peu leur santé [1].

(1) Peut-être était-ce à cette petite satire que faisait allusion son oncle Robert des Saudrais, (mort 1829), lorsqu'il lui écrivait en

C'est, sans doute, le début du grand écrivain dans sa vocation de polémiste, il ne saurait dès lors manquer d'intérêt. Malheureusement, nous n'avons qu'un fragment de cette curieuse satire : il est possible qu'elle n'ait jamais été achevée.

Alors, comme aujourd'hui, le temps, paraît-il, était aux statues et aux inscriptions commémoratives. Saint-Malo, qui comptait de glorieux enfants dont Lamennais devait lui-même augmenter le nombre, ne pouvait demeurer en retard de certaines villes, peut-être moins favorisées, sous ce rapport. Notre jeune Malouin raille de cette innocente manie sa cité natale qui devait l'en punir plus tard, puisque aujourd'hui encore rien n'y rappelle l'un des plus grands écrivains de notre siècle, si ce n'est toutefois, son portrait exposé dans l'une des salles de la Mairie. Nous copions textuellement l'original.

— Un bruit assez singulier nous est parvenu de St-Malo. On dit qu'il y est question d'exhumer

1806 : « J'ai lu ta petite drôlerie, mon cher Féli. Rien de si bon, ni de mieux fait. » Cité par Blaize. Introd. p. 29).

tout ce que cette ville a produit d'hommes mémorables dans tous les genres, pour en placer un dans chaque rue, un peu au-dessus de la borne. Soit ; autant là qu'ailleurs et apparemment les morts n'y regardent pas de si près. Beaucoup de vivants, il est vrai, se soucieraient assez peu de ces honneurs qui courent les rues ; mais qu'importe ? Considérons la chose sous le point de vue le plus favorable, imitons le sage Conseil municipal de St-Malo, où cette importante affaire a été discutée, approfondie ; et, comme lui, efforçons-nous de voir, dans ces burlesques écriteaux qui décorent des carrefours, une distinction honorable. Toujours conviendra-t-on qu'il faut être conséquent, et ne pas allier à des noms justement respectés, des noms flétris avec justice, et qu'un honnête homme ne peut prononcer sans indignation.

On a, dit-on, proposé dans le Conseil, de joindre aux La Bourdonaie, aux Cartier, aux Dugué-Trouin, un homme dont la famille jouit depuis longtemps d'une considération méritée ; mais qu'il lui a laissée toute entière, car assurément il n’en a rien gardé pour lui : je veux parler de La Mettrie. Des réclamations se sont élevées contre cette profanation des honneurs citadins ; on a représenté que La Mettrie était un fou, un misérable charlatan, un vil bouffon de cour, sans mœurs, sans religion, sans Dieu. A cela M H.... a répondu que c’était un philosophe ; et quelqu’un a fort judicieusement ajouté que toutes ces accusations étaient de faux bruits répandus par les prêtres. Je ne suis pas prêtre : ainsi je puis dire mon avis sans conséquences.

Mais non ; j’aime mieux qu’on entende celui de Voltaire qui n’était pas prêtre non plus. « Aviez-vous, écrivait-il de Berlin à M. d’Argental [1], aviez-vous entendu parler d’un médecin, nommé La Mettrie, brave *athée*, gourmand célèbre ?... Ses idées [2] sont un feu d’artifice toujours en fusées volantes. Le fracas amuse un demi-quart d’heure, et fatigue mortellement à la longue.

« Il vient de faire, sans le savoir, un mauvais livre, imprimé à Postdam, dans lequel, *il pros-*

(1) Lettre du 13 novembre 1751.
(2) Lettre à Mme Denis du 6 novembre 1750.

*crit la vertu et les remords, fait l'éloge des vices.
invite son lecteur à tous les désordres,* le tout sans
mauvaise intention. Des gens sensés se sont
avisés de lui remontrer l'énormité de sa morale.
Il a été tout étonné (à peu près comme le conseil,
quand on lui a fait les mêmes remontrances) ; il
ne savait pas ce qu'il avait écrit, (pourquoi le conseil en saurait-il davantage ?) il écrira demain le
contraire si on veut (imitez votre héros, Messieurs). Dieu me garde de le prendre pour mon
médecin ; il me donnerait du sublimé corrosif au
lieu de rhubarbe, très innocemment et puis se
mettrait à rire. »

Je voudrais, messieurs, pouvoir m'arrêter ici ;
je sens combien votre tendresse pour votre illustre compatriote doit souffrir de ces citations ; car
enfin ce n'est pas un dévot qui parle. Rassurez-
vous ; je serai discret ; encore un passage seulement. « J'envoie à mon héros [1] des folies qu'il
m'a demandées, et qui orneront sa bibliothèque
par la belle impression et les grandes marges. Il

---

[1] Lettre au duc de Richelieu du 27 janvier 1752.

est vrai qu'il n'y a pas une bonne page dans tout
cela... Au reste ce n'est pas la meilleure morale du
monde, et il est heureux que de tels livres soient
mal faits. La Mettrie aurait été trop dangereux, s'il
n'avait pas été tout à fait fou. Son livre contre les
médecins est d'un enragé et d'un malhonnête
homme : avec cela c'était un assez bon diable dans
la société, (c'est peut-être en cette qualité de *bon
diable* que vous avez dessein de l'honorer).

Comment concilier tout cela ? c'est que la
folie concilie tout. *Il a laissé une mémoire exécrable*
à tous ceux qui se piquent de mœurs un peu
austères. Il est fort triste qu'on ait lu son éloge
à l'Académie, *écrit de main de maître*. Tous ceux
qui sont attachés à ce maître (le Roi de Prusse)
en gémissent. Il semble que la folie de La Mettrie
soit une maladie contagieuse qui se soit commu-
niquée. » Pardon de ces derniers mots ; ils ne
sont pas de moi.

Beaucoup de gens ignorent peut-être ce qui
nous a valu ces beaux témoignages du grand
Lama de Ferney.

Admirez la Providence philosophique. La Mettrie,

médecin, devait naturellement n'empoisonner que
ses compatriotes ; La Mettrie, devenu cosmopo-
lite, se dut au genre humain tout entier, et il
acquitta sa dette par ses écrits. A quoi cependant
tenait cette haute destinée ? Hélas ! à une tête
de femme ; et puis qu'on dise que les femmes
n'ont point de tête. Le père de notre philosophe
se mit un jour en frais, comme la cigogne, pour
traiter ses amis. La Mettrie, qui apparemment
craignait le brouet clair, et qui déjà aimait les
expériences, quoique simple *frater* dans un hôpital,
crut faire merveille en renforçant le potage des
reliefs d'une dissection à laquelle il avait assisté
le matin. La tête d'une femme adroitement jetée
dans la marmite, à l'insu de la cuisinière, pré-
para à celle-ci une grande surprise, et aux con-
vives un mets tout nouveau, du moins dans ce
temps-là. Mais voyez ce que c'est que les goûts :
ce bouillon ne fut pas trouvé bon du tout par les
administrateurs d'alors, qui n'étaient pas les administrateurs d'aujourd'hui ; et notre jeune anato-
miste noblement courroucé, et même puisqu'il le
faut dire, avec raison un peu effrayé de l'accueil

que ses premières expériences recevaient dans sa patrie, se retira prudemment à Berlin, où une indigestion mortelle prouva bientôt, en dépit de ses prétentions, qu'il n'était ni *plante* ni *machine.* Or, pourtant, sans cette tête et sans ce voyage, La Mettrie probablement demeurait inconnu à Voltaire et à l'Europe ; et qui maintenant se souviendrait de lui, même parmi ses compatriotes ? Bien peu de personnes sans doute, car il y a longtemps que ses amis s'en seraient allés, *l'un vide de sang, l'autre plein de séné,* célébrer sa gloire dans l'autre monde, d'où apparemment ils ne reviendraient pas aujourd'hui pour le clouer contre une muraille au coin de la rue.

Au reste, messieurs du Conseil s'imaginent peut-être qu'eux et Voltaire sont les seuls qui aient su dignement apprécier un aussi rare génie : mais je leur en demande pardon, et les prie de permettre que Diderot s'explique à son tour sur cette illustre *plante malouine.*

« La Mettrie est un auteur sans jugement... qui n'a pas écrit une seule bonne ligne dans son traité du bonheur, qu'il ne l'ait ou prise dans notre philosophe (Senèque) ou rencontrée par hasard, ce qui n'est et ne pouvait malheureusement être que très rare ;... dont on reconnaît la frivolité de l'esprit dans ce qu'il dit, et la corruption du cœur dans ce qu'il n'ose dire ; qui prononce ici que l'homme est pervers par sa nature, et qui fait ailleurs de la nature des êtres la règle de leurs devoirs et la source de leur félicité ; qui semble s'occuper à tranquilliser le scélérat dans le crime, le corrompre dans ses vices ; dont les sophismes grossiers, mais dangereux par la gaieté dont il les assaisonne, décèlent un écrivain qui n'a pas les premières idées des vrais fondemens de la morale ; dont le chaos de raison et d'extravagance ne peut-être regardé sans dégoût que par ces lecteurs futiles qui confondent la plaisanterie avec l'évidence, et à qui l'on a tout prouvé quand on les a fait rire ; dont les principes poussés jusqu'à leurs dernières conséquences renverseraient la législation, dispenseraient les parents de l'éducation de leurs enfants, renfermeraient aux petites maisons l'homme courageux qui lutte sottement contre ses penchans déréglés, assureraient l'immor-

talité au méchant qui s'abandonnerait sans remords
aux siens, et dont...» —

Nous n'avons point retrouvé la suite de ce
morceau dans les papiers de M. Houet. Tout
à l'heure, nous émettions l'hypothèse que Lamennais s'en était peut-être tenu à cette feuille, d'ailleurs absolument remplie, et qu'il ne s'était pas
donné la peine d'en prendre une seconde, ne
fût-ce que pour finir la citation de Diderot. Nous
devons reconnaître cependant que l'écriture est
très soignée, qu'il y a fort peu de ratures et que
les mots effacés sont remplacés par d'autres, écrits
avec une encre bien plus moderne, mais de la
même main, sans aucun doute ; quand une fois
on a vu cette écriture fine et régulière de Lamennais, on ne saurait plus la méconnaître. Enfin, les
mots soulignés le sont avec une règle pour
que le trait soit d'une rectitude absolue. Il est
évident que Lamennais tenait à cette boutade
humoristique et pourtant rien n'y décèle le grand
artiste, ni même peut-être le très habile écrivain.

On y retrouve, en retour, cette sorte de plaisanterie qui chez lui, dans sa correspondance du moins, fut toujours un peu froide et banale, quand elle ne fut point sarcastique ou amère (1). Sous ce rapport, il était, ce nous semble, bien inférieur à son frère qui sut pratiquer, à merveille, le badinage aimable et spirituel. La malacieuse bonhomie de Jean lui valut plus d'un triomphe, tandis que nous ne sommes nullement surpris de l'insuccès de cette petite diatribe de Félicité, supposé toutefois qu'il l'ait fait connaître aux intéressés. L'administration malouine, en effet, n'a point effacé La Mettrie de son souvenir municipal, puisqu'elle a donné son nom à une rue. En revanche, le portrait *de l'homme-plante* n'est pas affiché dans la salle de la Mairie, dite salle des grands hommes, tandis que celui de Lamennais s'y trouve, non loin... du bon abbé Trublet.

M. Lamennais perdit son frère aîné, Louis Marie, sur la fin de 1805 ; il tomba lui-même gravement malade : Jean-Marie, alors vicaire à Saint-Malo, et souffrant lui aussi, conduisit, sur

---

(1) Ici même, ce rire de Lamennais, avouons-le, est passablement lugubre.

le conseil de son père et de son oncle, Félicité
à Paris, afin de l'y faire soigner par les plus
habiles praticiens de la capitale [1]. Les deux frères
passèrent à Paris tout le printemps de 18c6 [2] ;
les médecins jugèrent leur existence très sérieusement compromise, celle de Félicité surtout :
l'un et l'autre devaient à des excès de travail
l'épuisement de leurs forces.

En juillet, ils étaient de retour à Saint-Malo ;
leur santé se rétablissait peu à peu. On leur
avait recommandé l'air de la campagne, le régime
du lait, beaucoup d'exercice et peu de travail intel-
lectuel [3].

Le 12 mars 1809, M. Emery écrivait à M. Bruté,
au sujet d'un mémoire anonyme que, dans une
note, M. Houet déclare être l'œuvre de M. Lamennais publiée plus tard sous le titre de : « *Réflexions
sur l'Etat de l'Eglise,* etc. »

(1) Lettre de l'abbé « Meslé, de Grand Clos » à l'Evêque de
Rennes, Mgr Enoch, en date du 25 janvier 1806.

(2) Lettre du même au même, 15 mars 1806.

(3) Lettre de M. Bossard à M. J. « de Lamennais », du 26 juillet
1806.

« Le mémoire est très bien écrit et plein de bonnes vues. Il est des endroits qui pourraient déplaire au gouvernement ; et il en est d'autres dont il ne pourrait qu'être content. Si Larévellière Lépaux vivait encore, je crois qu'il faudrait adoucir ou supprimer son article. Si j'avais eu le temps, j'aurais pu faire quelques observations. On voit bien que l'auteur est un ecclésiastique... »

Le 5 juillet 1809, le digne Sulpicien adressait ce mot à « M. Mennais » (Jean-Marie) : « J'ai bien des remerciements à vous faire de l'exemplaire de votre ouvrage que vous avez bien voulu me faire remettre.

« Il honore également et vos talents et votre zèle. »

Quelques mois plus tard, 12 octobre 1809, il engageait son jeune correspondant malouin à se fixer à Paris pour y continuer plus fructueusement son genre d'études qu'il disait être « le plus utile et le plus nécessaire dans les circonstances. »

Ce conseil, en réalité, s'adressait aux deux

frères, dont les travaux scientifiques étaient alors communs.

Tous deux se montraient pleins d'un zèle impétueux qui ne reculait devant aucune difficulté ; mais tandis que Féli se heurtait de front aux obstacles et s'efforçait de les renverser de haute lutte, pour ainsi dire, son frère les tournait quelquefois habilement et réussissait où peut-être il aurait échoué lui-même. Voici une anecdote qui nous permet de surprendre Jean de Lamennais en flagrant délit de ruse avec la police du 1er Empire. Il avait pour complice l'un de ses amis.

M. Faillon, dans une lettre du 4 avril 1846, demandait à M. Jean de Lamennais des renseignements sur la bulle d'excommunication, lancée contre l'Empereur, en 1809, par le Pape, alors prisonnier à Savone.

M. J. de Lamennais répondit à M. Faillon, le 22 mai suivant : « Quant à la bulle d'excommunication de Bonaparte, je ne puis rien dire qui ne vous soit connu, sinon que je me trouvais en retraite à Issy (1809) lorsque M. Emery reçut un exemplaire de cette bulle : désireux qu'elle fût

connue en Bretagne, il engagea M. l'abbé de
Mazenod, aujourd'hui évêque de Marseille, à en
faire une copie et il nous chargea, mon saint ami
Bruté et moi, de l'apporter dans notre province
et de l'y répandre. M. Bruté la cacha dans la cuve
de son chapeau. Arrivés à Vitré, nous fîmes ce
que nous avait dit de faire le vénérable supérieur
et Père. M. Emery avait désiré aussi que nous
fissions l'un et l'autre des études sur l'histoire des
refus de bulles : je m'en occupai, et je commençai
peu après à recueillir les matériaux qui ont servi
à composer l'ouvrage de la *Tradition de l'Eglise
sur l'institution des évêques*, publié en 1814 [1]. »

La police impériale ne poussa point ses investi-
gations jusqu'au fond du chapeau de l'abbé Bruté :
dans ces deux jeunes ecclésiastiques Bretons, elle
ne voulut voir rien de suspect ; l'un d'eux pourtant, comme nous le verrons plus loin, ne tarda pas
à fixer sur lui l'attention du gouvernement et ce
livre de la « Tradition, etc.» composé en collaboration avec Féli provoqua la colère du Maître dont

---

[1] « L'histoire des refus de bulles termine l'ouvrage. » Lettre de
Jean à M. Bruté 27 avril 1814. Gournerie. p. 87.

il dérangeait singulièrement les plans. Napoléon,
en effet, voulait concentrer tous les pouvoirs entre ses mains, y compris celui d'instituer et de
destituer les évêques.

Voici une lettre sans date, écrite par Féli à
l'abbé Bruté, alors professeur au grand séminaire
de Rennes. Or, M. Bruté n'ayant occupé ce poste
que deux années (1808-1810), elle doit être placée
dans cet intervalle (1).

— Trop bon ami, comment vous exprimer ce
qu'a senti mon pauvre cœur en lisant votre petit
billet ? Ah ! que vous avez bien raison, et qu'une
seule page, une seule ligne, un seul mot de
St François de Sales ou de l'Imitation est au-
dessus de ces tristes et contentieuses brochures
qui ne savent que flétrir et dessécher l'âme, et la
mienne surtout déjà si froide, si aride. Mon Dieu !
qui m'a jeté dans cette malheureuse voie ? L'orgueil, oui, l'orgueil, je le sens, je le reconnais
tous les jours. Priez, mon tendre frère, priez, je
vous en conjure, pour ce misérable qui devrait

____

(1) Féli, qui ne devait recevoir la prêtrise qu'en 1816, était
tonsuré dès 1809.

être, qui est, oui, je le dis dans la sincérité de mon cœur, plein de confusion, d'avoir seulement songé à faire entendre sa voix dans l'Eglise, lui que l'Eglise ancienne eût à peine admis au nombre des pénitents, et qui n'aurait pas assez de la vie pour pleurer une seule de ses fautes. Oh ! voilà ce que c'est que d'avoir si mal commencé ; voilà la suite de mes premiers égarements, et où m'arrêterai-je ?

Dieu le sait, hélas ! pourtant il me semble que j'aimerais à être ce qu'il me convient d'être uniquement, c'est-à-dire rien, absolument rien, tout entier perdu, abîmé, anéanti dans cet immense tout de mon Dieu, où sa divine grâce m'appelle par un profond, un inexprimable dégoût de tout ce qui n'est pas ce grand Dieu. Même, je vous l'avouerai, cher ami, l'étude n'a plus pour moi, le même charme ; le cœur a trop de peine à s'y retrouver : je ne voudrais que l'amour, le doux, le pur, le divin amour, et aussi la pénitence qui en doit être pour moi la source. Comment donc se fait-il que tout m'ébranle, que tout m'entraîne, que tout me pousse hors de ce centre où la douce main de notre bon Maître cherche à me fixer dans un délicieux repos? Il faut bien que je le dise encore une fois, c'est l'orgueil qui m'agite et tend sans cesse à me séparer du Bien-Aimé. Oh! qui me donnera de m'attacher à lui uniquement, en toute humilité et simplicité! Qui me donnera d'entrer comme vous, cher ami, dans cette nuit de la foi, où disparaissent les vains fantômes de l'amour-propre et de l'imagination! Qui répandra sur mes lèvres arides quelques gouttes de ces eaux pures et vivifiantes, qui éternellement jaillissent de la fontaine d'amour! O douce fontaine : fontaine de joie, de délices et de paix, je t'aperçois de loin, comme au travers d'un nuage, et mon cœur, malgré sa misère, s'épuise de désirs et défaillit dans l'ardeur de se plonger et de se perdre à jamais dans ses ravissantes profondeurs!

Cher ami, je ne sais ce que je deviendrai, je ne sais ce que la divine Providence demandera de moi, et je veux demeurer entre ses mains comme un petit enfant qui n'a point de volonté et qui obéit à tout sans résistance. Toutefois, il me semble que la solitude me serait bonne, il me semble entendre une voix qui m'appelle au désert : d'autres en décideront, et pour moi, il ne me reste qu'à dire du fond du cœur : « *Ecce venio ut faciam, Deus, voluntatem tuam* » [1]. Qu'elle soit à jamais louée, bénie, aimée, adorée, cette sainte et divine volonté, en laquelle je suis et serai jusqu'à mon dernier soupir, avec les sentiments les plus vifs et les plus tendres, tout à vous en N. S. J. C. et sa Sainte Mère, *in æternum, in æternum !* Priez, mon aimable frère, pour le pauvre pécheur.

F. [2] —

La lettre suivante est de Jean : elle n'a point de suscription, ni de date, mais son contenu et l'en-tête : *D. S.* (Dieu Seul) nous font conjecturer qu'elle était adressée à M. Bruté dont nous savons l'intimité avec les deux frères : ces derniers, Jean surtout, lorsqu'ils lui écrivaient, lui empruntaient cette pieuse devise qu'il reproduisait lui-même au commencement de toutes ses lettres.

[1] Allusion aux paroles du Psalmiste XXXIX, 8 et 9.

[2] Cette lettre ne se trouve pas dans le recueil publié par MM. de Courcy et de la Gournerie.

Pour l'époque précise, nous ne saurions la déterminer ; toutefois, Féli qui fait l'objet de cette lettre n'était certainement pas sous-diacre, lorsqu'elle fut écrite : elle est donc antérieure à la fin de 1815. D'ailleurs, l'absence de signature, le début un peu brusque de la lettre, le papier même nous inclineraient assez à croire que nous n'avons qu'un brouillon entre les mains. Tout nous porte à penser que ce document est postérieur de très peu à la lettre précédente de Féli à laquelle il semble faire allusion.

— D. S.

Ce cher Féli est pieux comme un ange : il voudrait bien qu'on lui conseillât de prendre pour lui la *meilleure part* (1) et de laisser à d'autres le soin de tout le reste : mais pensez-vous qu'il ait reçu tant de talents, et que Dieu ait permis qu'il ait acquis des connaissances si étendues, pour n'en

(1) Allusion au mot de N. S. St Luc X. 42 : « Maria optimam partem elegit, quæ non auferetur ab eâ. » Féli songeait-il donc alors à la vie contemplative, lui dont le tempérament était si essentiellement batailleur ? Nous savons, sa volumineuse correspondance nous l'apprend dans cent endroits, qu'il fut un amant passionné de la solitude, et qu'au milieu du tourbillon de Paris il ne rêvait que le silence des bois de la Chênaie.

faire aucun usage ? Pour moi, je ne le croirai pas facilement. D'ailleurs, dans *ces jours mauvais*, peut-on, sans des raisons extrêmement fortes, refuser de combattre *les combats du Seigneur* ? [1] Les anciens solitaires ne s'empressaient-ils pas de renoncer aux douceurs du repos, et de quitter le jardin de délices où ils s'étaient retirés, lorsque l'Eglise, attaquée de toutes parts, les appelait à sa défense ? Mourir les armes à la main, sur le champ de bataille, n'est-ce donc pas un sort assez beau, et nous est-il aujourd'hui bien permis d'en cher-cher, d'en désirer un autre ? Cependant je sais que tout dépend de savoir quelle est la volonté de Dieu sur nous et que nous ne devons rien négli-ger pour la connaître : il n'a besoin de personne, il se sert de qui il lui plaît pour exécuter les des-seins de sa Providence, et toujours de ce qu'il y a de plus faible pour opérer ce qu'il y a de plus grand : souvent encore, il aime à se réserver quel-ques âmes choisies qu'il attire à lui d'une manière ineffable, et qu'il conduit, par des voies cachées,

---

[1] *Bellum Domini, prælia Domini,* expressions fréquentes des Livres Saints.

bien au-dessus du monde, et jusques dans ce *cellier* divin [1] où elles s'enivrent des pures délices de l'éternel amour. Il faut donc prendre garde de *contrister l'Esprit-Saint* [2] et de s'opposer à ses mouvements ; mais aussi une grande prudence, une extrême réserve sont nécessaires : les imaginations vives s'exaltent si facilement et quelquefois vont si loin ! [3] Au fond, il me semble qu'une crainte excessive des périls auxquels on est exposé en vivant au milieu des hommes, n'est pas toujours une raison pour les fuir. Si la solitude a ses attraits, n'a-t-elle pas aussi ses dangers, et en se renfermant en soi-même, n'y est-on pas encore environné d'ennemis ? Le plus dangereux de tous, l'orgueil, ne nous y poursuivrait-il pas, et si nous sommes condamnés à le trouver partout, il faut bien nous résigner à le combattre sans cesse, et vraiment il ne serait pas raisonnable de renoncer à faire le bien, de peur de tirer vanité du peu de bien qu'on pourrait faire.

(1) Cant. I. 3. Introduxit me rex in cellaria sua.
(2) Eph. IV. 30. Nolite contristare Spiritum Sanctum Dei.
(3) Cette crainte de Jean était prophétique, à son insu, peut-être. *

Voilà mon petit avis : je vous le dis dans la sincérité de mon cœur, et afin qu'en répondant à Féli, vous lui parliez dans le même sens : ne lui donnez cependant aucune connaissance de ce que je vous marque, et si, après avoir consulté le bon Dieu, vous croyez que je me trompe, écrivez suivant les lumières que vous aurez reçues, et priez l'Esprit-Saint d'éclairer et de conduire un pauvre aveugle qui ne sait pas se conduire lui-même et qui se charge de conduire les autres. —

Voici, encarté dans la lettre de Jean, un billet sans date, lui aussi, et sans signature, écrit de la main de Féli, qui nous paraît assez étrange et qui tranche quelque peu sur les idées de mysticisme absolu, attribuées à Féli par Jean. Peut-être d'ailleurs n'y a-t-il, entre l'un et l'autre, aucun rapport même chronologique.

— La gloire de Dieu, la religion chrétienne et la charité envers le prochain exigent que nous fassions part aux autres, chacun selon notre vocation, des biens spirituels que Dieu nous accorde par son évangile ; mais nous devons à cet égard

nous occuper de préférence de ceux qui nous sont
utiles pour les affaires de ce monde, ou de qui
et par qui nous nous procurons les richesses et
les commodités de cette vie. Car de cette manière,
nous nous assurerons de la fidélité de ceux dont
nous retirons ces avantages, et nous attirerons
sur nous, avec plus d'abondance, les bénédictions
de Dieu, tant spirituelles que temporelles — [1].

Nous trouvons la note suivante dans un cahier
où M. Houet a transcrit quelques lettres de MM.
de Lamennais.

« Octobre 1809. M. J. M. de Lamennais à
M. Bruté : — Voilà un billet [2] de notre saint frère.
Son âme est toute ardente de foi et d'amour : il se
perd, il s'abyme en Dieu. Oh ! quelle consolation
pour mon cœur ! Quand je pense à ce qu'il était
et que je vois ce qu'il est, mon âme tressaille de
joie et mes larmes coulent en abondance : *miseri-
cordias Domini in æternum cantabo* [3]. — (Hélas !)

(1) Nous ne nous chargeons pas d'expliquer ce billet, même
grammaticalement.

(2) Il ne s'agit évidemment pas de l'étrange billet qui précède,
mais d'un autre que l'on trouvera plus bas.

(3) P. 88. 2.

« Cette réflexion, continue M. Houet, et mon triste *hélas* s'appliquent bien à la lettre suivante de Féli, qui doit être de la même année.

— Qu'y a-t-il de plus misérable que cet état de perpétuelle opposition à la volonté de Dieu, cette révolte de la nature contre tout ce qui la gêne et la contredit ? J'ai honte de tant de faiblesse ; je rougis d'être si disert quand il s'agit de parler de la croix et en même temps si dénué de force et de courage pour la porter. Je me souviens de cette parole terrible de J.-C. : « *Tous ceux qui me disent : Seigneur, Seigneur, n'entreront pas dans le royaume de Dieu* » [1].

Prier, gémir, méditer, c'est quelque chose, mais qu'il s'en faut que ce soit tout ! C'est le chemin, mais ce n'est pas le terme : le terme, en cette vie, c'est la mort entière, complète à soi-même, à tous ses désirs, à tous ses goûts, à toutes ses volontés, sans exception, ni réserves ; c'est *nudus nudum Jesum sequi et solus soli*

----

[1] Matt. VII. 21.

uniri (1). Hélas ! dans son amour ineffable, ce bon Maître ne demande qu'à s'unir à nous : c'est nous qui le repoussons, non comme St Pierre, par humilité et parce que nous sommes pécheurs, mais parce que cette union nous semble trop dure, et que cet amour nous est importun. Il y a de quoi s'anéantir éternellement à la vue d'une ingratitude si monstrueuse : l'homme repousser Dieu ! le cœur de l'homme dédaigner le cœur de J.-C. ! Qui le croirait ? Et pourtant, Seigneur, il est ainsi : ô mon ami, aime-le bien, aime-le de tout ton cœur, de toute ton âme et de toutes tes forces, ce Maître si doux, si tendre et si incomparablement aimable ; aime-le, s'il est possible, et pour toi et pour moi, qui suis tout de glace à son égard, ce sera pour le misérable qui t'écrit une grande consolation de savoir que du moins tous ne sont pas aussi ingrats que lui envers ce bon Maître. Un jour viendra où la paix et la joie de notre cœur ne dépendront plus de ces légères épreuves, que la Providence nous ménage dans le

(1) Paroles de l'Imitation.

temps, pour ranimer en nous le désir de l'éternité. L'Eternité ! ah ! comprenons-nous bien ce mot-là ? Ce n'est, ce me semble, que dans la solitude, loin de toute distraction, que l'âme trouve en soi assez de place pour cette immense idée, si effrayante, à la fois, et si consolante. On demandait à un Chartreux ce qu'il faisait depuis 40 ans dans sa cellule. « *Cogitavi dies antiquos et annos æternos in mente habui,* » [1] répondit ce bon religieux, qui dans un demi-siècle de méditations, n'avait pas épuisé cette pensée inépuisable et toujours nouvelle.

Ne nous troublons point pour quelques épreuves passagères. Ce sont ces orages qui fatiguent et retardent le pauvre voyageur, mais qui ne l'empêchent pas d'arriver au terme.

Prie pour moi Celui qui est ici-bas notre unique consolation et qui sera, je l'espère, notre éternelle récompense. —

M. Houet transcrivit cette lettre de Féli sur une copie faite par Jean-Marie et conservée à Ploërmel.

(1) Ps. LXXVI. 6.

Il répète, en terminant, son exclamation douloureuse : « Hélas ! »

Voici le billet de Féli dont parle Jean ; il est
adressé à M. Bruté :

— Mon cher ami, comment avez-vous fait
votre retraite ; quels livres de lecture aviez-vous ;
quels autres livres principaux à conseiller en particulier ? J'ai beaucoup de curiosité d'apprendre
les meilleurs procédés, mais encore plus de paresse
à tirer le meilleur parti de ceux à notre portée.
C'est une grande misère, j'en rougis, j'en gémis.
Il me semble que je ferais mieux en telle autre
situation, c'est une tentation pitoyable, comme de
trop ressentir un silence et une absence qui est
dans l'ordre entre nous sur la terre et pourtant
à laquelle je ne sais plus me faire après ce mois
trop heureux que nous avons passé ensemble. Que
j'aimerais à vivre ensemble... Ah ! c'est de vivre
ensemble en Jésus et de sa vie ici-bas : au ciel
nous serons unis et perdus en lui. Je suis d'une
misère désolante. De vos lettres, chers amis ! —

CHAPITRE DEUXIÈME
1809-1815

FÉLI, ULTRAMONTAIN FERVENT, PROJETTE UNE NOUVELLE ÉDITION
DE FLEURY. — LETTRE DE L'ABBÉ BRUTÉ : « JE ME FAIS
FLEURISTE ». — « VEILLEZ DE PRÈS CE TENDRE FRÈRE ».
M. QUERRET. — UNE RETRAITE A LA WELLINGTON.
UN SYMBOLE DE FOI GÉOMÉTRIQUE. — CHANGEMENT DE SIGNATURE.
ÉVÊQUES ANTI-CONCORDATAIRES.
« ZÈLE EXAGÉRÉ ; LOUABLE EXCÈS. » — « L'EXCELLENT M. PICOT. »
LES FILS DU TONNERRE. — UNE DATE INDIGESTE.
« LA CHÊNAIE, LE SEUL ENDROIT DE LA TERRE OU L'ON PUISSE
VIVRE. » — « UNE FACHEUSE EQUATION ».
« LE REPOS, LE REPOS ». — UNE ORDONNANCE DE M. GUIZOT.
L'UNIVERSITÉ. — « UN AVENIR GROS DE DÉSASTRES ».
« TRADITION DE L'ÉGLISE SUR L'INSTITUTION DES ÉVÊQUES ».
RETOUR DE L'ILE D'ELBE. — FÉLI EN ANGLETERRE.
PATRICK ROBERTSON. — LES CENT-JOURS EN BRETAGNE.
« UNE NOUVELLE ESPAGNE ». — « UNE SOTTE PLANÈTE ».

Dans une lettre datée du 17 janvier 1809, Jean écrivait à l'abbé Bruté, alors professeur au grand séminaire de Rennes : « Il faut que je vous fasse part d'une idée que nous avons eue, mon frère et moi, et que je croirais bonne, si vous l'approuviez et surtout, si vous vouliez la remplir. »

Cette idée consistait à donner une nouvelle édition « fidèle, complète » des discours de l'abbé Fleury sur l'histoire ecclésiastique. Des notes accompagneraient le texte pour le modifier en rectifiant les erreurs gallicanes de l'auteur [1].

(1) Ce projet n'eut pas de suite.

Féli, dès cette époque, était un ultramontain fervent : il ne ménageait guère les épithètes lors-qu'il s'agissait des écrivains entachés de gallica-nisme, qu'ils se nommassent Bossuet ou plus sim-plement Fleury : celui-ci était alors le point de mire de ses attaques. M. Bruté lui-même trouvait de l'excès dans sa critique. Nous lisons, en effet, ce passage dans une lettre qu'il adressait de Rennes à l'abbé Jean, le 17 novembre 1809.

« Féli se fâche trop fort contre Fleury — *on ne sait combien de faussetés, d'exagérations, de réti-cences, de préjugés, dans cet homme, à qui l'on a fait, je ne sais sur quoi fondé, une réputation de raison, etc..., sa critique à demi protestante, etc....* Voilà le *sage et judicieux* Fleury bien bas, trop, je crois. Heureusement, pour compensation des réputa-tions perdues, celle du Cardinal Dubois va re-monter sur l'horizon, une petite note du dernier n° des Annales, annonce le travail de M. E. que vous ne croyez pas, ni moi, trop à propos pour le présent. Oh ! dam ! Féli, je me ferai *fleuriste*, si vous ne le ménagez pas un peu plus. Je suis per-suadé qu'il y a des corrections très importantes à y faire, des abus très fâcheux de son autorité à prévenir, mais il faudrait comme cesser de croire à la sagesse, à la science, à la piété des meilleurs hommes, s'il fallait se refuser aux impressions profondes que Fleury fait sur l'esprit des lecteurs les plus religieux. »

Il est une circonstance atténuante dont Lamennais accordera bien rarement le bénéfice à ses adversaires : la bonne foi. Cela se conçoit chez un homme, comme lui, taillé tout d'une pièce, d'une volonté d'autant plus inflexible qu'il se sentait une intelligence supérieure. Il ne pardonna pas souvent à son prochain de voir autrement qu'il ne voyait lui-même.

Dans cette même lettre, l'abbé Bruté parle des excès de travail des deux frères qui, on le voit, se rendaient coupables de récidive.

« Vous avez remis St Léonard [1] à son adresse : je le prie de tout mon cœur de ne pas permettre que Féli en prenne plus que de raison. Je vous en conjure, veillez de près ce tendre frère, et sa santé avant tout ; je n'en suis pas content sur les

(1) Les Œuvres de St Léonard de Port-Maurice.

dires du bon Lehen, — mais vous, frère si bon frère, qui veillera sur la vôtre, c'est bien ici le *cura te ipsum !* [1] *ad invicem*, tous les deux. »

Féli, nous l'avons déjà vu, s'était toujours senti le plus grand attrait vers la solitude, malgré son ardeur batailleuse. Son ami, l'abbé Bruté, crut devoir combattre cette tendance.

« J'en suis à répondre de ma misère au cher Féli, écrivait-il à Jean-Marie, le 2 juillet 1809. Je n'ose commencer, je voudrais si bien lui prouver qu'il faut qu'il se sacrifie jusque dans les moëlles et le mettre hors de toute espérance et assurance en ses plus chères pensées, je ne m'en sens pas capable et puis le cœur même en souffre, car j'ai trop de peine à me réduire moi-même contre toute ma répugnance à cette vie active où je crois que nous devons nous perdre et oublier, contre tous les plus doux attraits du fond de l'âme. Je ne sais commencer à lui écrire.

D'études, il faut absolument tous deux étudier

_____

(1) Luc. IV. 23.

à fond l'Église. Je le sens plus vivement que jamais en lisant ces grosses *Institutiones Historiæ Ecclesiæ* du professeur *catholique* de Vienne que je vous prêtai. C'est presque le pur Fébronius, et il est trop à craindre que depuis Joseph ce ne soit l'enseignement dominant de l'Allemagne..........

Etudiez, étudiez, étudiez, vous et Féli qui doit être tout revenu, sans y avoir été, de ces délicieux asiles que leurs saints habitants quittaient pour revenir dans les grandes villes en des temps comme ceux-ci....

Adieu tous deux et voilà peut-être ma lettre à Féli faite. »

Dans un *post-scriptum*, le jeune professeur indiquait aux deux frères une foule d'auteurs anti-ultramontains, Fébronius en tête, qu'il les pressait d'étudier solidement pour les refuter plus solidement encore. Le conseil ne fut point perdu.

Voici des lettres, sans date, adressées par Féli à M. Querret, alors professeur de mathématiques à l'Ecole libre, fondée à St-Malo par Jean et d'autres ecclésiastiques, désireux de combler les vides faits

par la Révolution dans les rangs du clergé. En
1812, M. Querret devint principal de ce collège,
où Féli enseigna lui-même les mathématiques. Il
garda ce poste jusqu'en 1823, époque à laquelle
il fut remplacé par l'abbé Manet. Il mourut le
8 décembre 1840.

Jeudi — Frédéric se propose, mon cher ami,
d'aller vous rejoindre demain. Le temps horrible
que nous avons, depuis l'autre semaine, a retardé
son retour. Il a un grand plaisir de profiter des
leçons que vous voulez bien lui donner et je crois
comme vous qu'elles ne seront pas perdues. Il
serait bon, je crois, qu'il s'exerçât à construire
des courbes sur leurs équations. Vous en jugerez.
Je ne puis, vu la saison, me plaindre encore
beaucoup de ce que nous ne vous avons pas vu à
la Chênaie ; mais voilà le printemps qui appro-
che, et ce sera pour moi le moment ou des
reproches, ou des remerciements. Tout à vous,
mon cher ami.

F. M.

— J'ai bien pris part à l'affliction que vous avez éprouvée. Si vous voulez, mon cher ami, nous nous verrons demain matin, à 8 heures, au séminaire. Vos livres sont arrivés et l'édition de l'histoire sainte est celle que vous désiriez. Je finis mon petit monologue en vous embrassant de tout mon cœur. — Samedi.

F. M.

— Je vous envoie, mon cher ami, le livre italien dont je vous ai parlé. Il vous intéressera. N'oubliez pas l'article que vous m'avez promis, et faites-le de manière qu'il puisse être entendu un peu par tout le monde. Je vous embrasse de tout mon cœur.

La lettre suivante, du même au même, date vraisemblablement de 1814, comme semblerait l'indiquer le passage relatif à Wellington que la bataille sanglante et indécise de Toulouse (10 avril) empêcha de pénétrer plus avant sur le territoire français. Elle a pour suscription : « A

M. Querret, professeur de mathématiques à St-
Malo. »

— Enfin, mon cher ami, me voilà : ce n'est
pas grand chose, comme vous voyez ; mais c'est
quelqu'un qui vous aime bien et qui est tout honteux d'avoir tardé si longtemps à vous en assurer
de nouveau. Je ne dirai pas que si je ne vous ai
point écrit, vous ne m'avez point écrit non plus ;
mauvaise excuse que cela. Je sais très bien dans
ma conscience que vous pouvez à peine disposer
d'un moment, et je plaiderai votre cause quand
vous voudrez. La mienne ne serait pas tout à fait
si aisée à défendre ; une belle et prompte retraite
serait peut-être le plus sage parti, d'autant plus
que les retraites sont de mode cette année. Que
vous seriez aimable, si vous en veniez faire une à
la Chesnais [1] : allons, mon ami, imitez à votre
tour le grand Wellington. Je ne dis pas que vous
veniez à reculons, mais je voudrais qu'il ne tint

[1] Féli écrivait, le plus souvent, *Chénaie,* et Jean, *Chesnaie* ; mais
ils n'étaient guère plus fixés là-dessus que sur leur nom même qu'ils
transcrivaient tantôt d'une façon, tantôt d'une autre, comme on le
verra. Nous les imitons un peu, sans trop nous en douter.

qu'à moi, que vous ne puissiez vous en retourner
que comme cela.

Qu'est-ce que ce traité des probabilités, par
M. De Laplace ? L'avez-vous lu ? Comme il est
extrêmement probable que je ne le lirai point, je
serais bien aise d'apprendre de vous ce qu'il en
faut penser, et surtout si sa théorie peut avoir
quelque application utile. Je m'imagine qu'il aura
essayé de soumettre au calcul les probabilités
morales et historiques, et peut-être même les faits
surnaturels, en sorte que son livre, ou ses formules,
seraient comme le symbole de la foi géométrique.
Il me semble que son sujet le conduisait jusque-
là : s'il s'est arrêté en route, c'est plus de sagesse
qu'à lui n'appartenait. Je regrette que les journaux
ne nous fassent point connaître les ouvrages de
sciences. On aimerait à suivre l'esprit humain
dans toutes ses démarches, et même dans tous ses
écarts ; à l'observer sous toutes les formes qu'il
prend, bien qu'il y en ait quelquefois de fort drôles ;
enfin, c'est, à mon avis, un spectacle extrêmement curieux que ses grands efforts et ses petites
ruses pour déguiser son ignorance profonde et sa

profonde impuissance. On rit alors, ou au moins
on sourit, et l'on dit avec le poète : *Homunculi
quanti sunt cùm recogito* Vale et me ama.

F.

— Je ne vous écris que deux mots, mon cher
ami, parce que je suis fort souffrant et fort occupé.
Au reste, je ne tarderai pas à me rendre en Bretagne. L'objet de ce billet est de vous prier d'engager Mlle votre nièce à suspendre la traduction
de Spedaliri, ayant renoncé à ma collection. Je
paierai, bien entendu, ce qui est traduit ; mais
il serait inutile d'aller plus avant. Mille amitiés
bien sincères et bien tendres.

F. DE LA M.

Paris, 27 Septembre.

J'observe le changement de signature : ce n'est
plus *Mennais,* mais *de Lamennais.* Il n'est plus
question, depuis longtemps, du nom patronymique : Robert. Le titre de *Lamennais,* la famille
Robert l'emprunta, nous l'avons dit, à la petite

propriété de ce nom, située dans la paroisse de Trigavou. Le testament de Louis-François Robert Mennais, l'aïeul des deux frères, fait à St-Malo, en présence de François-Gabriel Le Tellier et de Louis-Jean Vertué, négociants majeurs et *republicoles*, le 10 frimaire an 12, nous apprend que cette métairie était alors affermée 400 francs « et autres prestations, suivant bail du 12 Ventôse an 9 ».

Le billet suivant est adressé à M. Lesbaupin, avocat; il est daté du 4 septembre 1813. Le brouillon que j'ai entre les mains a de nombreuses ratures, si court qu'il soit. M. Lamennais soigna toujours son style (ce qui n'est pas toujours un défaut).

— En donnant une réponse si exacte et si prompte aux questions que j'avais prié M. le S. de vous soumettre, vous m'avez rendu un service que je n'oublierai point. Mais quoi que j'en connaisse le prix, je suis bien sensible encore à la bienveillance que vous me témoignez et à laquelle je n'ai d'autre titre que l'intérêt qu'une famille honnête et malheureuse inspire naturellement à tous les bons cœurs. Croyez, M. que la reconnaissance dont je suis pénétré ne finira qu'avec moi et qu'elle sera toujours au nombre de mes sentiments les plus chers.

J'ose prendre la liberté de vous adresser deux nouvelles questions très importantes pour nous. Votre seul avis suffira. La signature d'un autre avocat n'augmenterait nullement ma confiance dans vos décisions qui est sans bornes, comme le respect avec lequel j'ai l'honneur d'être...

A la chute de l'Empire (avril 1814), plusieurs évêques, dépossédés de leurs sièges par le concordat de 1801 et demeurés en exil jusque là, revinrent en France et réclamèrent contre leur déchéance, prétendant que le pape avait excédé ses droits. A ce sujet les deux frères écrivaient de Paris, le 19 septembre 1814, à l'abbé Bruté, une lettre collective [1] où nous lisons ce passage.

(1) Publiée par M. de la Gournerie.

« Les évêques revenus d'Angleterre en ont rapporté un assez mauvais esprit et d'assez mauvais principes. Toutes les entraves, à ce qu'il paraît, viennent de leur côté ; ils se croient, du moins plusieurs d'entre eux, toujours titulaires de leurs anciens diocèses. Cela fait du mal et cause des divisions fâcheuses. Mon Dieu, est-il donc si difficile de se soumettre ? Comment peut-on tenir si fortement à une crosse de cuivre, que la mort vous arrachera demain ? Il faut être déjà bien profondément mort d'une autre façon, etc. »

Les deux frères, Féli surtout, qui semble avoir pris la plus grande part à la rédaction de cette lettre, ne se gênaient nullement, dans leur zèle ultramontain, pour qualifier cruellement la conduite de ces vieux prélats, coupables de ne savoir se résigner à n'être plus rien après avoir été quelque chose. Ils en écrivirent à l'abbé Teysseyre, prêtre de St-Sulpice, leur ami commun. Voici quelle fut la réponse de M. Teysseyre (1).

(1) Elle est sans date et porte pour suscription : A M. l'abbé De La Mennaye, vicaire général à St-Brieux (sic). — M. Teysseyre mourut en 1818.

« Je me hâte, chers bons amis, de répondre à vos
deux lettres. Celle de M. Félix (*sic*) m'a paru dictée
par cet amour ardent de la vérité et de l'église,
qui a en horreur les tempéraments et la prudence du
siècle ; qui voudrait toujours combattre à outrance
leurs ennemis et prêcher sur les toits les vérités
utiles, lors même qu'elles peuvent offenser des
yeux malades et irriter des personnes puissantes.
Vraiment j'admire toujours de plus en plus ce
courage, qui me paraît une espèce de prodige dans
un siècle de lâcheté décorée du nom de sagesse et
lors même que ce zèle me paraît extrême, et un
peu amer, c'est un si louable excès que je serais
presque disposé à en faire une vertu. Cependant
croyez-vous qu'un peu plus d'indulgence, de douceur et de paix ne rendrait pas ce zèle plus évan-
gélique, ne vaudrait-il pas mieux imiter celui de
St François de Sales et de St Vincent de Paul que
celui des enfants du tonnerre [1], auxquels N. S.
fut obligé de dire. *Nescitis cujus spiritus estis* [2].

(1) Marc. III. 17.
(2) Luc. IX. 55.

Je sais bien que notre cher Féli n'en veut qu'aux
erreurs et fait grâce aux personnes dont il respecte
les intentions en blâmant leur conduite. Mais,
n'est-ce pas un peu trop sévère de vouloir enrichir
de *bêtises* M. P. à cause de quelques réticences un
peu trop timides, de vouloir lui faire un crime
qui cause un mal infini de ce qu'il n'appelle pas
convenablement les évêques non démissionnaires ?
Quoique l'on ne puisse que blâmer la délicatesse
extrême de ces évêques sur cet article, je ne crois
pas qu'on doive se brouiller avec eux et s'exposer à
une infinité de désagréments pour supprimer une
formule qui est reçue par l'usage et qui ne cause
dans le fond aucun préjudice aux principes. Bossuet
a été appelé M. de Condom longtemps après avoir
donné sa démission de ce siège ; M. de Bausset a
toujours été appelé, dans la société, M. l'évêque
d'Alais, et les personnes les plus dévouées au Saint
Siège ne s'en font aucun scrupule. Pour le coup,
ne voilà-t-il pas que la contagion m'a gagné et que
sous prétexte de censurer l'amertume de votre
zèle, je me laisse aussi aller à une critique un peu
âpre des meilleurs de mes amis ? Eh bien ! par-

donnez-moi, éclairez-moi et supportez-moi, je suis prêt à corriger tout ce qu'il y aurait de trop prudent dans mes opinions et de trop outré dans mes petits reproches, mais je vous aime avec la jalousie de Dieu et je ne saurais souffrir que rien d'humain et d'exagéré n'altère l'amour si pur dont vous brûlez pour J.-C. et son épouse : *œmulor vos œmulatione Dei* [1].

J'ai communiqué vos intentions à l'excellent M. Picot qui vous admire autant et plus que moi [2] sans assez vous imiter : il doit m'envoyer sous peu l'argent et les papiers qu'il a à vous, il est bien fâché que vous ne veuillez plus lui envoyer d'articles. Je paierai M. Laënnec, selon vos intentions. Quant aux Sœurs de la Charité, M. D... m'a dit que tout était arrangé et qu'elles recevraient bientôt une lettre de paix ; il paraît blâmer le général. Je n'entends plus parler de votre ouvrage [3] ; ne pou-

(1) *Œmulor enim vos Dei œmulatione.* 2 Cor. XI. 2.

(2) Féli ne rendit pas toujours la pareille à *l'excellent* M. Picot : « Il y a bien longtemps que j'ai perdu, et je ne suis pas le seul, toute estime pour M. Picot. Le dégoût qu'il m'inspire est si profond, etc. » Lettre de Féli à M. Bruté 9 octobre 1831. Edition La Gournerie.

(3) *Tradition de l'Église*, etc.

vant le refuter on voudrait l'oublier, mais il n'en restera pas moins inébranlable pour servir dans des temps plus heureux ; je pense que vous auriez pu tirer avantage de l'institution du patriarche des Maronites au Ve siècle, des évêques grecs du rit latin et des vicaires apostoliques du Nouveau-Monde. Continuez toujours à consacrer vos travaux à l'Église ; l'épouse du Dieu d'amour est reconnaissante, et n'est-on pas déjà trop payé par la gloire de la servir et d'essuyer ses larmes maternelles. Il paraît que M. (Jules) de Polignac a rapporté l'*ultimatum* du pape et que tout dépend de l'acceptation du Roi. Celui-ci est si bon, si pieux et même si grand (1) que nous devons tout espérer. Redoublons cependant de prières et sanctifions-nous de plus en plus pour mériter de travailler à l'œuvre du Seigneur.

Adieu, chers et bons amis, je vous aime et vous embrasse en N. S. et suis pour la vie tout à vous en ce bon Maître. T. p^{tre}.

---

(1) M. Teysseyre semblera peut-être à plus d'un lecteur tomber dans ce défaut de l'exagération qu'il reproche aux deux frères ; il est, peut-être, un peu trop bienveillant dans ses appréciations, si ces derniers sont trop sévères dans les leurs.

Nous avons cité cette lettre tout entière, malgré sa longueur, parce qu'elle nous a paru renfermer des détails intéressants sur Lamennais. On voit, en effet, que le caractère, d'ailleurs prime-sautier de Féli (c'est de lui surtout qu'il s'agit) se fit jour dès le premier instant. Jean avait pris pour devise : « Zèle de feu, courage de fer. » Cette devise convenait au moins autant à son frère qu'à lui, mais à ce courage indomptable, à ce zèle inextinguible, il joignit la prudence et la charité que Féli fut loin de connaître dans la même mesure. Le nom de fils du tonnerre, *Boanerges,* dont les baptise ici l'abbé Teysseyre leur convient parfaitement, quoique à un degré divers. Féli songea moins au Saint Jean de l'Evangile qu'à celui de l'Apocalypse. D'ailleurs, il sentait lui-même ce qu'il pouvait y avoir d'inconsidéré dans son ardeur à défendre les intérêts de l'Église ; il se savait sujet à certaines défaillances de caractère, sinon de volonté et il reconnaissait qu'il avait besoin d'un conseiller, d'un tuteur. Il écrivait un jour à son frère : « J'ai besoin de quelqu'un qui me dirige, qui me soutienne, qui me relève, de quelqu'un qui me connaisse et à qui je puisse

dire absolument tout. A cela peut-être est attaché
mon salut. Pèse cette dernière considération. » [1]

Ce guide était Jean : il le fut longtemps ; plût à
Dieu qu'il l'eût toujours été !

Le Gallicanisme fut le point de mire constant de
l'abbé de Lamennais : on l'a déjà vu, on le verra
de plus en plus par la suite. « Je ne saurais digérer
1682 » écrivait-il à Jean le 25 février 1815 [1]. Les
Gallicans, de leur côté, incarnant, pour ainsi dire,
l'ultramontanisme leur ennemi irréconciliable,
dans la personne de son champion le plus intrépide et le plus redoutable, poursuivirent Lamennais de leur haine implacable jusque dans sa chute
qu'ils ne furent pas loin de regarder comme celle
de l'ultramontanisme lui-même : l'avenir devait
heureusement les désillusionner.

Mgr Caffarelli, évêque de St-Brieuc, mourut le
11 Janvier 1815. Les deux frères, Jean surtout
qu'il avait choisi pour vicaire-général et confident,

(1) Lettre du 30 avril 1814. Blaize tome I. p. 136.
(1) Blaize. I. 200.

perdaient un protecteur et un ami dans la personne de ce digne prélat.

Féli écrivait à M. Hay, vicaire à Saint-Malo :

16 Janvier (1815).

— Ah ! mon pauvre ami, quel terrible évènement
pour le diocèse de St-Brieuc, et en particulier
quelle douloureuse perte pour le pauvre Jean,
pour M. Vielle et j'ose dire aussi pour moi, car
il était impossible de connaître sans l'aimer tendrement un si digne, si excellent évêque, d'un
caractère si droit, si bon, si aimant et si aimable !
Encore un coup, quelle perte. Je la pleurerai longtemps et ne la pleurerai jamais assez... Hélas ! qui
m'eût dit, lorsque je le quittai, il y a douze jours,
que je ne le reverrais jamais ! Et une mort si
prompte, qui est venue l'enlever soudain au milieu
des espérances que nous nous plaisions à concevoir
de son prochain rétablissement.... il était mûr
pour le ciel ! Si vous aviez vu sa patience et sa
douce piété dans toute sa maladie, vous en eussiez
été attendri. Il semblait ne retrouver sa vivacité

ordinaire que pour témoigner son amitié à ceux
qui l'environnaient. Une seule chose l'occupait ;
le soin de son diocèse qui attendra longtemps un
semblable évêque. Aussi combien était-il aimé !
moins cependant encore qu'il ne méritait de l'être.
Hélas ! ce n'est que la mort qui met le prix à de
tels hommes. Je pars après demain pour rejoindre Jean... Deux exemplaires de la *Tradition,* l'un
pour Lévêque, l'autre pour Bachelot.…

De son côté, Jean disait au même abbé Hay,
en parlant de Mgr Caffarelli : « Sa mort m'enlève
un ami, un frère et quel frère !...

Il écrivait de St-Brieuc à M. Querret, le
16 février 1815.

.… Féli est retourné à la Chesnais. La Chesnais est le seul endroit de la terre où l'on puisse
vivre, attendu qu'on n'y voit que des arbres et
qu'on n'y entend d'autre bruit que celui des gre-
nouilles qui coassent à la queue de l'étang. Enfin
que chacun soit où il veut être, je ne m'y oppose
pas. La volonté de Dieu soit faite ! ce n'est pas

à moi de reprocher à Féli de ne point aimer cette
ville-ci [1], depuis que l'évêque n'y est plus. Si
je ne la quitte pas aussi, c'est que le devoir m'y
retient, et que toute considération personnelle est
nulle, quand il s'agit d'un sacrifice exigé par la
conscience [2].

Neuf jours plus tard (si toutefois nous en
croyons la date ajoutée après coup, sur l'original,
par une main étrangère, à ce simple en-tête
« 25 *Février*), Féli écrivait au même, avec cette
adresse : « A Monsieur Querret, *Instituteur*, à
St-Malo. »

— Ce qu'il y a, mon ami, d'admirable dans notre correspondance, c'est qu'elle est singulièrement
réfléchie. Il ne nous échappe pas un mot que
nous n'ayons pris au moins six semaines pour y

[1] Saint-Brieuc, où Féli avait séjourné quelque temps près de son
frère et dont l'évêque, Mgr Caffarelli, nous l'avons vu, venait de
mourir. Durant la longue vacance du siège, M. Jean de Lamennais
remplit les fonctions de vicaire capitulaire, avec la plus grande distinction.

[2] Je cite d'autant plus volontiers cette correspondance de Jean
qu'elle se rapporte plus directement à Féli, l'objet de la présente
publication, et qu'elle est en grande partie inédite.

penser. Ce serait le problème du monde qu'on ne le traiterait pas avec plus de respect. On tiendrait un concile entre deux de nos lettres ; j'entends un concile universel, car pour un national, ce ne serait pas la peine. Je soupçonne là-dessous quelque vue de la Providence, qui nous a choisis pour enfanter de concert quelque grande et sublime vérité. Je ne saurais m'expliquer autrement de si profondes méditations. Mais songez bien qu'il faut que nous accouchions ensemble, pour que l'enfant arrive à terme. Courage donc ; y êtes-vous ? allons, encore un effort. Malheur ! je vois bien que ce ne sera pas pour aujourd'hui. La vérité ne sort pas comme cela : c'est un furieux travail que de la tirer de sa coque. Il y a les temps et les moments et en se hâtant trop, on court grand risque de ne faire qu'une omelette. J'en ai pourtant une bien jolie petite vérité, échappée naguère d'un très-vilain œuf. Cet œuf est la Mairie, et la vérité vous la connaissez comme moi et mieux que moi. Quel dommage seulement qu'elle ait tardé si longtemps à éclore. Enfin, la voilà, et je m'en félicite et je m'en réjouis, et je lui dis : Soyez la bienvenue ; et à l'œuf ou au possesseur de l'œuf : Soyez le bien parti. — Ce sont de ces petites consolations que la Providence nous ménage par-ci, par-là, pour nous empêcher de crier trop haut. Je désire vivement qu'elle m'en procure une, qui dépend d'une résolution cachée dans le fond de votre glande pinéale. Comme vous ne trouveriez pas bon que personne l'y allât chercher, allez-y vous même, je vous en supplie, et tirez moi promptement de peine sur le résultat de cette visite domiciliaire. Si le carême s'écoule sans que sœur Anne voie rien venir, si vous laissez passer ce temps de pénitence, je vous tiens pour ennemi décidé de la mortification, et je désespère de vous posséder jamais à la Chênaie *Devinctissimus tuus* : cela se dit-il ? en tout cas, cela s'entend et se sent encore mieux [1].

Le 11 Mars 1815, Féli écrivait de la Chênaie une autre lettre au même M. Querret qu'il qualifie, cette fois, de « *Négociant* ».

[1] On peut juger, dès maintenant, du double genre de plaisanterie des deux frères : la comparaison ne nous semble pas toujours à l'avantage de Féli.

— Je vous pardonne votre silence, mon ami ; je vous pardonnerais même de m'oublier, car en vérité je ne vaux pas un souvenir, mais je ne vous pardonne pas d'être malade. Vous vous épuisez, vous vous tuez avec ces marmots, qui ne s'en portent pas moins bien. Le zèle de l'institution vous consume ; par ma foi, vous êtes trop bon. Eh ! de grâce, un peu moins de déclinaisons et de conjugaisons, un peu moins de A et de B, de grec et de latin, et un peu plus de santé. *Orandum est ut sit mens sana in corpore sano,* dit le poète [2] ; ne séparez donc point ces deux choses ; elles se tiennent plus qu'on ne pense. Dans la chaleur de votre dévouement, vous avez posé une équation dont la racine est la maladie, l'affaiblissement, la mort, et vous voilà travaillant du soir au matin à la résoudre. Eh ! laissez ce soin à la nature ; elle n'a pas besoin de votre secours ; sa méthode n'est que trop sûre et trop infaillible. Pour moi je ne trouve pas que les Z, les X, et les vingt-quatre lettres de l'alphabet, vaillent un quart d'heure de repos :

(2) Horace.

Le repos, le repos, trésor si précieux,
Qu'on en fit autrefois le partage des Dieux.

Avez-vous su prendre du repos ? Vous avez plus fait que si vous aviez pris des royaumes et des villes. Et qui dit cela ? Le bonhomme Montagne (*sic*), le bonhomme Lafontaine, qui certes n'auraient pas sacrifié sommeil, tranquillité, et vie enfin, au plaisir de faire réciter *Musa* à des bambins distraits et ennuyés. Voulez-vous de l'érudition classique ? Je vous répèterai avec Horace, *est modus in rebus.* Cela est décisif en seconde, et même en rhétorique. Senèque, ce *savant homme,* ne parle pas moins bien. Croyez-le donc, et surtout croyez-en la raison, quelque peu de crédit qu'elle ait dans l'Université ! Vous avez vu cette belle ordonnance rédigée par le protestant Guizot, et signée du roi très chrétien. Rien n'y est oublié, hors la religion ; son nom même ne s'y trouve pas. Mais en revanche les idées libérales y figurent honorablement, y dominent même d'un bout à l'autre. Le doux avenir que cela nous promet ! Plus d'écoles ecclésiastiques, partant plus de prêtres, plus de culte, plus de fanatisme, plus de superstition. Sentez-vous bien le bonheur d'un pareil état ? La philosophie se charge de défendre le trône et de nous rendre tous vertueux et contents. On peut s'en fier à sa parole, si elle n'était pas sûre du succès, se ferait-elle payer d'avance ? Ce n'est pas qu'elle soit intéressée ; six mille francs à l'un, douze mille francs à l'autre, vingt mille francs à celui-ci, quarante mille francs à celui-là ; trouvez moi du latin et de la morale à meilleur marché ! Ah ! que nous connaissons bien le prix des lettres ! L'esprit humain marche, comme on dit, et, sur ma parole, il ira loin : soyez tranquille, l'Ecole normale est là, avec Monseigneur de Bausset pour l'empêcher de s'arrêter ou de rétrograder. Cela est consolant tout à fait. Et ce cher Fontanes, qui se retire avec une modique pension de trente mille francs, qu'en dirons-nous ? Est-ce ainsi que les Bourbons récompensent la vertu, le dévouement, le courage ? En vérité, cela fait saigner le cœur. Le pauvre homme ! Somme toute, m'en croyez-vous ? Arrangez bien vos petites affaires, prenez d'avance toutes vos précautions, mettez vos papiers en ordre, fermez votre porte-manteau, ayez votre argent dans la poche, et votre chapeau toujours sous la main ; car le temps n'est pas éloigné, où l'on vous criera : hâtez-vous, fuyez, il n'y a pas un instant à perdre : *qui super tectum, ne descendat in domum, nec introeat ut tollat quid de domo suâ : et qui in agro erit, non revertatur retro tollere vestimentum suum.*

.... Erunt enim dies illi tribulationes tales, quales non fuerunt ab initio creaturæ, quam condidit Deus, usque nunc, neque fient [1]. Et ne prenez point ceci pour une boutade d'humeur, et pour la crainte d'une imagination exaltée : *Amen dico vobis quoniam non transibit generatio hæc, donec omnia ista fiant* [2].

Votre ami F.

Nous trouvons cette autre lettre de Féli, transcrite par M. Houet sur la même feuille qu'un fragment de la précédente ; elle est probablement

[1] Marc. XIII. 15 et seq.

[2] id. id. 30 — Le génie de Lamennais eut souvent de ces éclairs prophétiques.

de la même année, bien qu'il y parle de la fermeté que doit avoir un prêtre et qu'il ne fût pas encore sous-diacre [1]. Elle est très vraisemblablement adressée au même.

— 17 Mars. —

Eh bien, mon cher ami, qu'est-ce donc que tout ceci ? Des malheurs, du sang, la ruine entière de la France. L'avenir est gros de désastres, et, de quelque côté que je tourne mes regards, je ne vois que des sujets de désolation et de larmes. Au milieu de tout cela, le bon Dieu me fait la grâce d'être profondément tranquille, quoique assurément ma position personnelle ne soit pas une des plus belles. Je tâche d'être en garde contre une certaine exaltation de tête qui empêche d'écouter les conseils de la sagesse, dans un moment où ils sont si nécessaires, car je crois que la fermeté d'un prêtre doit toujours être calme

(1) Lamennais fut ordonné sous-diacre, le 23 décembre 1815. Il écrivait à Jean, le lendemain : « Je revins hier de St-Sulpice, après avoir reçu le sous-diaconat. Cette démarche m'a prodigieusement coûté. Dieu veuille en tirer sa gloire ! C'est l'ancien évêque de Quimper, M. André, qui fit l'ordination. » Blaize. I. 243.

comme le fond de son âme. Voilà ce que je me dis, voilà ce que je pense ; que ferais-je dans des circonstances faciles à prévoir, et qui arriveront peut-être bientôt ? Mon devoir ; du moins, je l'espère, parceque je me confie en Celui de qui découlent toute force et toute lumière.

L'ouvrage intitulé la *Tradition de l'Eglise sur l'institution des Evéques*, avait été publié en 1814. La rédaction appartenait en grande partie à Féli ; Jean avait amassé et préparé les matériaux. Lorsque Napoléon revint de l'île d'Elbe, on apprit aux deux frères que leur livre avait eu le don de lui déplaire extrêmement. Féli, pour détourner le coup qui menaçait son frère et par suite les œuvres qu'il avait déjà entreprises, se réfugia en Angleterre d'où il écrivait le 25 avril 1815 à l'abbé Bruté : « Mon départ, sous plusieurs rapports, est un gage de sûreté pour Jean, et c'est ce qui m'a décidé. Cela lui donne le moyen de désavouer la *Tradition*, qui est en effet mon ouvrage, l'ayant fait en entier sur les textes qu'il avait recueillis (1). »

Quelques biographes de Jean, pour grandir leur héros, qui pourtant n'eut jamais besoin que de la vérité pour paraître ce qu'il fut en réalité, l'un des plus grands hommes de bien de notre siècle, ont écrit que Féli, en s'exilant, avait voulu mettre sa personne à l'abri des vexations impériales, sans plus s'inquiéter de son frère qu'il laissait seul exposé à la foudroyante colère du maître. M. Houet, dans une note, écrit à ce sujet : « M. R. (2) n'a pas compris que cette *fuite* était concertée, de même que la responsabilité de la *Tradition* dont Féli se déclara l'auteur ». Il ajoute ailleurs : « On sacrifie trop Féli à Jean. »

Celui-ci, s'il vivait, ne serait pas le dernier à blâmer le zèle intempestif de ses maladroits panégyristes : il aimait trop la vérité, il aimait trop son frère pour souscrire à de telles exagérations.

Pendant un séjour en Angleterre, Féli, pour

(1) Ed. de la Gournerie, p. 95.
(2) M. Ropartz, l'un des biographes de M. Jean de Lamennais.

dérouter la police impériale, devenue plus ombrageuse que jamais, ne correspondait plus avec ses amis de France que sous le nom de Patrice ou Patrick Robertson.

Jean écrivait à M. Querret, le 1ᵉʳ Mai 1815 : « .... Notre ami Patrice m'a écrit plusieurs fois ; sa dernière lettre est du 23 Avril. Il me dit qu'il regrette ses parents, et qu'il n'y a que ses affaires qui puissent le retenir dans la grande ville qu'il habite (1). J'espère bien que ce pauvre jeune homme n'y restera pas longtemps, et qu'il retournera bientôt au sein de sa famille, car où peut-on être mieux ? Je n'aime point le tapage de ces immenses cités où l'on vit dans l'isolement, et Paris, malgré tous ses charmes, ne sera jamais le lieu où je me fixerai, tandis que je serai le maître de mes destinées. »

Waterloo arriva et mit fin à ce que l'on a parfois appelé l'épopée napoléonienne, la plus san-

(1) Jean évite de prononcer le nom de Londres, il francise le nom de Patrick qui devient Patrice et laisse entendre, comme on le voit plus bas, que le *pauvre jeune homme* habite Paris, *la grande ville*.

glante des épopées, en tout cas. Jean adressait à
M. Querret, le 22 Juillet 1815, une longue lettre
que nous demandons la permission de citer en
grande partie, à cause de l'intérêt particulier
qu'elle nous semble offrir. On y verra le portrait
en déshabillé du gouvernement des Cent-Jours et
de celui qui lui succéda immédiatement ; nous
ignorons s'il est flatté, toujours est-il qu'il nous
paraît assez peu flatteur.

— Voici la seizième lettre que je fais depuis hier,
mon cher ami ; mais je ne veux point laisser partir le courrier sans vous écrire, quoique vous me
deviez une réponse que j'attends en vain, depuis
plus d'un mois. En peu de jours, que de chan-
gements ! Je n'ai jamais cessé un seul instant d'y
compter : néanmoins, ils m'étonnent, et j'ai
encore peine à comprendre comment ils ont pu
être si rapides. Puisse notre avenir être heureux !
C'est là plutôt l'objet de mes désirs que celui de
mes espérances : je ne crains plus l'homme de
l'île d'Elbe ; il est usé ; son nom rappelle à tous
les Français d'irréparables malheurs ; tout le

monde le juge et l'abhorre : mais qui ne trem-
blerait en voyant, d'un côté, la faiblesse de ceux
qui gouvernent, et de l'autre, l'extrême corruption de ceux qui sont gouvernés ; ici, surtout, elle
est à son comble. Les honnêtes gens sont en petit
nombre et n'ont aucune énergie. Les jacobins
dominent avec audace, et s'ils plient, un moment,
sous le poids des circonstances, ils n'en sont pas
moins disposés à faire prévaloir leur système de
destruction universelle, et à se relever plus vigoureux que jamais. Nous avons vécu trois mois sous
leurs poignards, au milieu de leurs insultes, de
leurs menaces, et nous avons revu les scènes de
quatre-vingt treize. Vous ne sauriez croire combien ma position particulière a été pénible, car
s'il fallait préserver le diocèse de la rage de ces
monstres tout puissants, il fallait aussi modérer
l'ardeur indiscrète de quelques ecclésiastiques bien
vertueux sans doute, mais qui oubliaient quelquefois que notre bon Maître, en envoyant ses
apôtres prêcher son évangile aux nations infidèles,
ne leur recommandait pas moins la prudence du
serpent que la simplicité de la colombe. Enfin, je

suis parvenu à maintenir l'ordre, qui a été plusieurs fois sur le point d'être troublé : ce résultat est pour moi une bien douce récompense...

J'ai écrit à notre cher Patrick, pour lui annoncer notre délivrance ; son retour ne peut être éloigné : je désire que le public ignore le voyage qu'il a fait : il est bon de tout prévoir ; ceci peut n'avoir fini que pour recommencer.

Le gouvernement de la Restauration n'inspira jamais grande confiance aux deux Lamennais. Ils auraient pu, ce nous semble, lui accorder au moins le bénéfice des circonstances atténuantes : car, depuis la première heure jusqu'à la dernière, il dut lutter contre deux sortes d'adversaires bien redoutables : ses ennemis d'abord, puis ses amis : les premiers ne furent pas ceux qui lui firent le plus de mal.

Le 19 Août 1815, Féli écrivait lui-même, de Londres, à M. Querret :

— Nous reverrons-nous ici bas, mon cher ami ? Je l'espère encore, je l'espère et en vérité c'est beaucoup dire. Jamais je ne fus plus disposé à voir en noir qu'en ce moment, ma pauvre tête est un pot à encre. Je ne sais pas bien quel est aujourd'hui l'esprit public en France ; mais s'il y reste des Français, je tremble qu'elle ne devienne une nouvelle Espagne. Il serait trop long de vous expliquer sur quoi se fondent mes craintes. *J'en ai de plus éloignées, de plus désolantes peut-être.* Quel siècle, bon Dieu ! et où les hommes qui ne lèvent pas les yeux plus haut, puisent-ils la force de vivre ? Quels que soient les évènements, je ne partirai point avant le mois d'Octobre. Ce n'est pas que je me plaise en ce pays ; mais c'est que j'y ai trouvé un homme qui me rendrait désirable le séjour du pôle, s'il m'était permis d'y vivre avec lui. Quel saint, mon ami, et quel aimable saint ! Combien je bénis la Providence qui m'a mis sous sa conduite, et, si j'ose le dire, dans son cœur ! Oh ! il est bien avant dans le mien aussi.

Et maintenant que j'y réfléchis, c'est peut-être à vous que je dois un si grand bonheur. Je sens à quoi cela m'engage, et n'en suis point effrayé.

Mon seul embarras est de savoir comment je ferai pour vous aimer plus que je vous aimais déjà. C'est à mon cœur à se démêler de là ; s'il s'en tire, il sera bien habile, qu'en pensez-vous ?

Mais à propos dites-moi donc, n'êtes-vous pas bien ennuyé, bien dégoûté de cette sotte, vile, misérable petite planète, qui présente successivement au soleil, toutes les 24 heures, tant d'odieux et imbéciles animaux de l'espèce à laquelle nous appartenons, pour nos péchés ? Si, comme vous, j'avais l'honneur d'être astronome, je lui ferais prendre telle route, qui bientôt mettrait fin à cette trop longue série de burlesques horreurs. Mais les savants ressemblent à L^s 18, ils sont trop bons, et le monde n'en va pas mieux.

Pensez à moi, mon cher Querret, priez pour moi, et soyez sûr que personne ne vous est plus tendrement attaché que votre ami F.

CHAPITRE TROISIÈME

1815-1816

FÉLI RENCONTRE A LONDRES L'ABBÉ CARRON. — RETOUR DE FÉLI.
CONCORDATAIRES ET NON-CONCORDATAIRES.
FÉLI TOMBE MALADE DE FATIGUES ET DE MÉLANCOLIE.
SA VOCATION ; HISTOIRE LAMENTABLE. — M. TEYSSEYRE.
« IL ME TARDE D'APPRENDRE...» — IRRÉVOCABLE, MOT EFFRAYANT.
FÉLI REÇOIT LE SOUS-DIACONAT, EN VICTIME.
IL RETOURNE A LA CHENAIE. — IL REVIENT A PARIS.
« IL EST SAUVÉ SI NOUS PARVENONS A LE DISTRAIRE. »
« LE JOVIAL MENNAIS. »
« SIMPLE ET DOCILE COMME UN PETIT ENFANT. »
UN MARTYR DE L'IMAGINATION.
L'ABBÉ BRUTÉ APPELLE LES DEUX FRÈRES EN AMÉRIQUE.
LAMENNAIS NE FUT JAMAIS UN HOMME CALCULÉ.

J ean écrivait à M. Querret le 10 Août 1815 :

« 10 Août !

Remarquez cette date et voyez combien deux chiffres et quatre lettres peuvent recueillir de souvenirs ! [1]

J'ai reçu des nouvelles de Robertson assez récentes : il a commencé, vers la mi-juillet, une retraite à la fin de laquelle M. Carron lui avait promis de le décider sur le parti qu'il devait

[1] Cf. la lettre écrite par le même, le même jour, à M. Bruté. De la Gournerie p. 107.

prendre [1] : je prie le bon Dieu, de tout mon cœur, de les éclairer l'un et l'autre ; mais je suis enchanté de n'être pour rien dans cette décision là. Patrick ne comptait pas revenir avant deux mois, et il se proposait de passer par Paris, où il s'arrêtera vraisemblablement pendant quelque temps, de sorte que nous ne sommes pas sur le point de le revoir, à moins que je n'aille le rejoindre, comme il m'y engage fortement. Le voyage de la capitale ne m'effraierait point, si je pouvais quitter le diocèse sans inconvénients [2], mais le devoir par dessus tout. Il est possible que le public s'aperçoive enfin de l'absence de ce pauvre Patrick : je désire que cela ne soit point : si cela est, il faudra bien se résigner. »

Dans cette lettre, Jean se déclare enchanté « de n'être pour rien » dans la décision qu'allait prendre Féli, de concert avec M. Carron. Plus tard, lorsque Féli, devenu sous-diacre, ne pourra plus reculer, M. Carron et l'abbé Jean le *pousseront* en

(1) Il s'agit du sous-diaconat que Féli reçut, dans l'Eglise de St Sulpice, à Noël, cette même année 1815.

(2) Jean venait d'être nommé vicaire capitulaire du diocèse de St-Brieuc.

avant et le détermineront à recevoir enfin la prêtrise. Rien de plus simple et à la fois de plus sage que cette conduite de Jean qui pourtant a été incriminée par des panégyristes de Féli, cette fois ; mais panégyristes aussi exagérés et aussi maladroits que les siens.

Jean écrivait de nouveau à M. Querret, le 25 octobre 1815, une lettre où je relève ce passage :

« ....Mais c'est trop longtemps vous entretenir de choses auxquelles vous ne voulez plus penser : comme Féli n'est pas au nombre de celles auxquelles vous renoncez, je m'empresse de vous dire qu'il revient vers la mi-novembre, avec une partie des enfants de M. Carron, dont il sera le conducteur. Je suppose que vous voudrez lui écrire ; je pourrais, dès aujourd'hui, vous donner son adresse à Paris ; mais je me garderai bien de le faire ; puisqu'à présent vous avez le temps de causer avec vos amis, vous seriez bien coupable, si vous n'étiez pas exact à leur répondre ; et, afin de m'assurer que vous n'aurez point un tort qu'il me serait si difficile de vous pardonner, je juge

à propos de vous déclarer que vous n'aurez point
l'adresse en question, si vous ne me la demandez
par une nouvelle lettre. »

— Et le 2 Décembre :

« Féli est de retour [1] : sa santé est excellente,
et il vous dit mille et une choses ; c'est dommage
que vous ne puissiez les entendre. Il m'a raconté
toutes les histoires du pauvre M. de Couersin ;
ce serait à mourir de rire, si cela n'inspirait pas
un profond sentiment de pitié. »

Puis, parlant des évêques non concordataires
que Féli maltraitait si fort, au dire de M. Teysseyre, Jean continue :

« On dit qu'une commission d'évêques va être
formée et qu'elle sera présidée par l'archevêque de Reims. Je ne lui donne point le titre
d'ancien, de peur qu'il n'en ait par hasard quelque
connaissance, ce qui aurait l'inconvénient de me
faire mettre hors de cour (sic), et de perdre l'espoir
de jamais obtenir toutes les grâces que j'attends
d'elle. Cette commission sera composée de six ou

(1) Cf. lettre de Jean à Querret, 16 Février 1815.

de dix évêques, trois ou cinq de chaque côté, ce qui signifie (car vous pourriez bien n'y rien comprendre) qu'une moitié des membres sera non-démissionnaire, et l'autre moitié démissionnaire. Puissent-ils enfin s'accorder et nous laisser en paix ! Depuis six mois on traite avec Rome, et on n'a su encore rien faire : il est vrai que l'ambassadeur a perdu la tête depuis qu'il est dans ce pays-là : on n'en peut pas douter, puisque c'est M. Ferrand qui l'assure. »

Pendant son séjour à Londres, s'il faut en croire Edmond Robinet, dans la notice imprimée en 1835, p. 16, Féli songea un moment à un préceptorat, sa situation étant assez précaire. Il se présenta chez Lady Jerningham, belle-sœur de lord Strafford. Avec son costume délabré, son air timide, ses manières gauches, notre héros fut jugé « trop bête » pour remplir les fonctions qu'il sollicitait. A tout prendre, il est fort possible que malgré son génie, Lamennais eût fait un médiocre précepteur, et n'était le gros mot prêté, un peu gratuitement peut-être, à cette dame, il ne faudrait pas trop lui en vouloir de n'avoir pas confié ses babies au jeune étranger.

J'ai sous les yeux de très courtes analyses, par M. Houet, de plusieurs lettres de M. Carron à Jean. Je les transcrirai, au fur et à mesure, suivant leur ordre chronologique.

M. Carron écrit de Paris, 10 Juin 1816, que Féli refusait les engagements qu'on lui proposait de prendre aux Missions étrangères [1] et qu'il était incertain, s'il accepterait une autre offre qui avait l'approbation de Jean-Marie lui-même.

Dans une autre lettre du 12 Août 1816, il mandait à ce dernier que la santé de Féli était mauvaise, par suite d'excès de travail. Son appétit se soutenait cependant, mais aussi sa mélancolie qui devait être son mal incurable, la source, peut-être, de toutes ses infortunes.

Cette mélancolie qui fut toujours au fond de l'âme de Féli avait été longtemps attribuée à ses incertitudes au sujet de sa vocation ecclésiastique.

---

(1) Dix ans auparavant (1807) Jean et Féli, ayant besoin de réparer leur santé délabrée, s'étaient rendus à Paris, comme nous l'avons vu précédemment ; ils élurent domicile au séminaire des Missions étrangères tout le temps qu'ils passèrent dans cette ville.

M. Carron l'avait enfin décidé, après de longues épreuves qu'il avait le droit de juger décisives, à prendre les engagements irrévocables du sous-diaconat. On pensait qu'une fois ce pas redoutable franchi, Féli n'ayant plus d'autre parti que d'aller en avant, jusqu'au sacerdoce, sentirait se dissiper ses angoisses et retrouverait le calme de l'âme, dans l'irrévocabilité même du sacrifice accompli. Nous savons qu'il en fut autrement et que l'infortuné ne voyant plus en lui *qu'une victime attachée au poteau*, estimait qu'il ne pouvait plus être désormais *qu'extraordinairement malheureux*.

Jean s'abusait hélas ! sur le compte du pauvre Féli. Le 4 Janvier de cette même année 1816, il écrivait à M. Querret, dans un élan de joie qu'il croyait certes bien légitime, pour son cœur fraternel.

« Vous savez, sans doute, que définitivement Féli est sous-diacre. J'ai l'espoir qu'il viendra prendre la prêtrise dans ce pays-ci, car il désire que je sois présent à son ordination, et il est presque impossible que j'aille à Paris pour y assister. Qui nous aurait dit, au mois de mars dernier, qu'il n'allait en Angleterre que pour trouver l'homme que le bon Dieu destinait à l'amener aux pieds des autels et à lui faire prendre une détermination dont il semblait, depuis longtemps, s'éloigner chaque jour davantage ? O Providence, ce sont là de tes coups !.... [1]

Votre politique est-elle riante ? La mienne est toujours triste ; et noire, noire comme de l'ébène. Celle de Féli est encore plus sombre. »

Qu'on nous permettre de reprendre de plus haut, pour la traiter aussi complètement que nous le permettront les documents que nous avons sous les yeux, l'histoire navrante de cette *vocation* de Lamennais. Si elle tourna au malheur de celui-ci, du moins ne tourne-t-elle pas au déshonneur de ceux qui la décidèrent dans leur bonne foi, c'est pour cela que nous la racontons.

M. Houet ayant autrefois demandé à M. Ange Blaize, neveu des Lamennais, quelques rensei-

---

[1] Le 13 Mai 1817, Féli écrivait de Paris à son frère : « Je déteste Paris, je déteste tout. Cette vie est pour moi un enfer. J'ai manqué l'occasion de vivre selon mon caractère et mon goût ; c'est sans retour. » Blaize I. p. 282.

gnements sur eux, celui-ci écrivit, entre autres choses : « Il résulte de la manière la plus positive de la correspondance de M. Féli avec l'abbé Jean, et des lettres de M. Carron et de M. Teysseyre, directeur au séminaire de St-Sulpice, que c'est d'après les sollicitations les plus actives de ces Messieurs, que M. Féli se décida à embrasser l'état ecclésiastique pour lequel il ne sentait pas de goût. Il faut donc user de la plus grande prudence dans l'appréciation qui sera faite du changement qui s'est opéré en lui ; car la plus grande responsabilité ne pèse pas sur lui, mais sur les personnes qui, avec les plus pures intentions du monde, l'ont, en quelque sorte, poussé presque malgré lui au sacerdoce ».

La responsabilité dont parle M. Blaize ne peut plus être que matérielle, vu la pureté d'intention qu'il reconnaît lui-même chez les directeurs et les autres conseillers de son malheureux oncle ; aussi, nous le répétons, ce que nous allons voir, tout en nous attristant par la connaissance que nous avons d'un passé qui alors n'était qu'un avenir absolument impénétrable aux regards les plus clairvoyants, ne saurait en aucune façon entacher la mémoire d'hommes essentiellement vénérables, comme le furent ceux dont il va être question.

M. Houet nous apprend, dans une note, que l'abbé Jean lui racontait un jour l'histoire de sa propre vocation. Il était encore enfant, lorsque voyant des prêtres partir pour l'exil afin de rester fidèles à leur Dieu, il se dit : « Je serai prêtre ». Embrasser l'état ecclésiastique fut dès lors sa constante préoccupation : c'était là une vocation nettement décidée. Pour Féli, tout en se promettant de vouer sa vie à la défense de l'Eglise, loin de ressentir quelque attrait pour l'état sacerdotal, il n'éprouva jamais pour lui qu'une répugnance invincible. Il résistera longtemps aux sollicitations de ses amis et lorsqu'il leur cédera enfin, ce sera malgré lui. Mais laissons parler les documents.

Nous avons sous les yeux un assez grand nombre de lettres de l'abbé Teysseyre [1] à M.

_____

(1) Ancien élève de l'Ecole polytechnique. L'abbé Bruté écrivait un jour à Jean (30 Août 1807). « Pour le digne M. Bossard, il demandait bien de vos nouvelles au bon ami Teysseyre qui de l'Ecole

Jean. Elles témoignent de l'ardeur avec laquelle ce prêtre, que Féli regarda toujours comme un saint [1] désirait que celui-ci mît fin à ses longues hésitations et s'enrôlât définitivement dans les rangs du clergé. Il écrivait, le 27 Juin 1812, (c'est du moins la date assignée par M. Houet à cettre lettre qui, comme toutes celles du digne Sulpicien, ne porte jamais le millésime, ni même le mois, mais seulement le quantième).

« Rappelez-moi au souvenir de M. votre frère. *Je m'indigne presque de ne pas encore le savoir prêtre.* »

On sent combien de telles paroles, dans une bouche si vénérée, devaient retentir au cœur de Féli, qu'on nous passe l'expression. C'étaient alors de nouvelles ardeurs, de ñouveaux élans vers le sacerdoce, ardeurs bientôt refroidies, élans

polytechnique et tout hérissé des mathématiques les plus transcendentales est venu donner, au milieu de nous, à l'Eglise un cœur qu'elles n'avaient pu refroidir, une âme toute de feu pour sa gloire et que les *attraits diaboliques de la géométrie* (Fénélon) n'avaient point ensorcelé. »

[1] M. Carron écrivait à l'abbé Bruté le 11 septembre 1815 : « Je désire vivement que Teysseyre soit à Paris lorsque Féli y arrivera. Le lierre ne s'élève qu'en appuyant sa faible tige sur un arbre vigoureux. » Cité par E. de la Gournerie. Int. p. XXIII.

comprimés bientôt par l'imagination, sinon par la raison. Une autre lettre renouvelait la lutte et les incertitudes.

« Ce 28.

Je ne saurais vous dire, chers et aimables frères, combien vos deux lettres m'ont causé de plaisir ; celle-ci vous sera commune, aussi bien que ma tendre amitié. Oh ! combien je partage les sentiments de joie, d'admiration, de reconnaissance que vous m'exprimez si bien au sujet du miracle d'amour que la Providence nous prodigue avec une générosité inouïe dans les annales des peuples. Quand viendra l'heureux jour où tous les Français, touchés de tant de clémence, se jetteront aux pieds de leur Dieu après s'être jetés entre les bras de leur roi ? Qui nous donnera de hâter par nos vœux et nos travaux cette conversion générale des cœurs, cette révolution fortunée qui amènera le plus beau de tous les triomphes de l'Eglise ? Certes voilà un beau moment pour nous consacrer à jamais, dans toute la ferveur de nos cœurs, avec une ardeur et une générosité toute nouvelle, au service du grand Roi et de son épouse bien aimée. *Il me tarde d'apprendre que le plus jeune de vous, marchant sur les glorieuses traces de son aîné, ait enfin contracté ces doux et sacrés engagements* qui l'uniront *irrévocablement* à son Sauveur et à l'Eglise pour qui il me témoigne tant de zèle et tant d'amour. Si quelques entraves arrêtent encore l'élan généreux de son cœur, qu'il nous vienne au plus tôt, nous le mettrons entre les maternelles et bénites mains de notre St François de Sales, et nous l'environnerons de tant de grâces, de tant d'exemples, de tant de lumières et de tant de flammes qu'il ne pourra jamais résister aux sollicitations amoureuses du meilleur, comme du plus grand de tous les maîtres. Oui qu'il vienne et nous lui préparons des *chaînes d'amour*, mais si belles, si légères, si glorieuses, qu'elles seules lui feront goûter la liberté, la paix et la joie des enfants de Dieu et des ministres du Seigneur. Un de nos fervents séminaristes nous disait avoir passé un jour une partie de son oraison à s'étonner qu'on pût aimer sur la terre autre chose que le bon Dieu, qu'aurait-il pensé si on lui eût dit qu'une âme singulièrement chérie de Dieu balance encore depuis si longtemps pour s'engager à son service ? Pardonnez à l'indiscrétion de mon zèle, supportez-moi avec mes impertinentes saillies : *Œmulor vos Dei æmulatione despondi vos virginem castam exhibere Christo* [1] ».

Le vénérable Sulpicien entre ensuite dans des considérations d'un autre genre, mais qui ne laissent pas que d'avoir aussi leur importance. On nous saura gré, peut-être, de ne les point négliger.

« Il me semble encore que vous êtes presque obligés *en conscience* d'écrire quelque chose entre vous deux sur les circonstances actuelles ; ne fût-ce qu'un article pour le journal qui va continuer les *Annales* de M. de Boulogne, sous le nom de l'*Ami du Roi et de la Religion*. Jamais moment n'a été plus favorable et plus important pour tâcher de remonter l'esprit public. Si le bon Dieu ne m'avait pas refusé le talent d'écrire, et

[1] 2 Cor. XI. 2.

presque la liberté de penser, dans l'état d'infirmité où je suis, je me ferais un devoir d'employer à une si belle cause tout ce que le Seigneur m'aurait donné d'esprit et de sentiment. Du reste, je soumets cette idée à votre prudence et à votre zèle, et dans le cas seulement où votre santé et des occupations plus pressantes ne gêneraient pas l'exécution de ce projet. La Religion est aujourd'hui si pauvre et si délaissée, que tous ses enfants doivent voler à sa défense, et la modestie doit céder à la nécessité. Plusieurs personnes croient même que vous devriez vous fixer à Paris par les raisons que je vous ai déjà exposées et qui ont maintenant plus de force que jamais. Pesez tout cela devant Dieu..... »

S'engager *irrévocablement* ; ce mot *irrévocable* effrayait l'âme ardente de Féli ; sa pensée se révoltait à la perspective de ces *chaînes*, fussent-elles des *chaînes d'amour*, qu'on lui préparait. Sans doute il ne demandait pas mieux que de consacrer à Dieu ce qu'il en avait reçu, science, génie, existence, son être tout entier ; mais s'engager définitivement et sans retour dans telle voie du sacrifice, plutôt que dans telle autre, lui répugnait essentiellement. Toutefois, on lui répéta si souvent que ses scrupules et ses craintes disparaîtraient comme de vains spectres, sitôt le pas décisif franchi, qu'il finit par se décider. Mais une fois sous-diacre, les fantômes l'assiégèrent plus terribles que jamais. Il se considéra dès lors comme voué sans remède au malheur, et suivant son expression « comme une victime attachée au poteau du sacrifice ».

L'abbé Teysseyre écrit à Jean cette autre lettre que M. Houet croit pouvoir dater de Mars 1816.

« Ce 5.

Votre excellent frère, cher ami, est venu hier m'apprendre la nouvelle inattendue de son départ précipité. Je me hâte de vous écrire quelques mots à son sujet. Il m'a semblé qu'il avait fait de grands progrès depuis l'année dernière, sous la direction du saint Ananie (l'abbé Carron) que le Seigneur lui a donné. Il marche d'un pas ferme dans le chemin de la Croix, à travers les ténèbres de la pure foi, vivant d'obéissance, *sans goût et sans consolation. Il a reçu le sous-diaconat en victime, et il a tout le mérite de l'amour, sans en avoir les douceurs.* C'est ainsi qu'il va recevoir le diaconat et le sacerdoce [1] comme un petit enfant qui se laisse conduire, en sacrifiant toutes les répugnances de la nature et tous les raisonnements les plus spécieux de son imagination. Voilà aussi ce qui m'a fait goûter son projet d'entrer chez les Jésuites à Rome. Si cette résolution était venue de lui-même, si j'avais pu soupçonner que son imagination y eût la moindre part, s'il m'avait paru même y avoir de l'attache et mettre une trop grande ardeur à l'exécuter, je m'en serais défié. Mais, au contraire, il ne pensait plus depuis longtemps à ce projet, c'est M. Carron qui l'a renouvelé de lui-même, il est entièrement opposé aux désirs naturels de notre bon frère qui ne soupire qu'après l'indépendance de sa chère solitude de la Chênaie, et qui sent son âme se soulever à la seule pensée d'un si grand change-

---

(1) Féli fut ordonné diacre, la première semaine de carême 1819 et prêtre à Vannes, quinze jours plus tard. Cf. Courcy, p. 125.

ment, et d'engagements aussi sévères et aussi irrévocables. Il y a plus, il m'a avoué que, dans le fond du cœur, il a toujours pensé que Dieu l'appelait à l'état religieux pour mettre un frein à son inconstance et consommer le sacrifice de tout lui-même à la volonté divine. Si vous ajoutez à cela le besoin qu'il a d'une vie douce et réglée, séparée du monde, avec de grands loisirs pour l'étude, sans aucune sollicitude pour la vie temporelle, dans une société aimable et édifiante, tout cela ne vous portera-t-il pas à croire que Dieu ne le veut pas ici où il n'a presque rien de tout cela, et qu'il le veut au noviciat des Jésuites, à Rome qui est peut-être le seul lieu où il trouvera tous ces avantages réunis. Du reste, j'ai lu avec attention et j'ai communiqué à M. Carron vos sages observations à ce sujet ; ne précipitons rien ; redoublons de prière et le Seigneur fera connaître sa volonté sur une âme qui lui est si chère et qui est si précieuse à son Église. »

Suivent quelques observations au sujet de l'établissement que l'abbé Jean se proposait de fonder à Tréguier. M. Teysseyre termine ainsi :

« Votre bon frère vous dira le reste. Je vous quitte pour aller le joindre. Dieu sait combien je vous aime tous les deux ; prions bien les uns pour les autres et ne faisons qu'un cœur et qu'une âme dans l'amour de N. S. »

Lorsque nous songeons à ce que devint cette vocation forcée, nous ne pouvons nous défendre, en relisant ces lignes, de l'émotion la plus douloureuse, la plus poignante. L'abbé Carron, l'abbé Teysseyre et tous les autres amis de l'infortuné qui le pressaient de contracter des engagements définitifs, en dépit de ses vives répugnances, crurent bien faire ; Féli croyait bien faire lui aussi en se rendant à leurs désirs, après la résistance la plus désespérée. Ce sont là autant de circonstances atténuantes dont, nous nous plaisons à le penser, la Justice divine ne refusa pas le bénéfice au malheureux Lamennais, lorsqu'il comparut devant son tribunal redoutable après de longues années d'égarements et une mort revêtue de toutes les apparences de l'impénitence finale. Après avoir étudié l'histoire de Lamennais, l'on demeure persuadé que, s'il fût resté dans l'état laïc, il eût évité le plus grand nombre de ces tracasseries, de ces persécutions mêmes auxquelles sa qualité de prêtre l'exposait davantage, tout en lui ôtant les moyens de les repousser, ou du moins de s'y dérober avec succès. Sa mélancolie ne fût pas dégénérée en hypocondrie incurable et tout porte à penser qu'il eût fourni jusqu'au bout une carrière dont la gloire eût été d'autant plus impérissable qu'elle fût demeurée exclusivement catholique. Lamennais est et restera l'une des plus célèbres et des plus lamentables victimes des meilleures intentions du monde.

Féli avait donc quitté Paris pour retourner en Bretagne, dans cette chère solitude de la Chênaie, qu'il érigeait, pour ainsi dire, en boulevard de la vérité catholique, boulevard qu'il devait hélas ! demanteler plus tard de ses propres mains.

Quelque temps après son départ, l'abbé Teysseyre écrivait à Jean qui venait de lui écrire lui-même et de lui donner des nouvelles de son frère.

« Ce 28.

Votre lettre, cher ami, est arrivée bien à propos pour me consoler du départ de votre excellent frère que je n'ai pas même pu embrasser avant de le voir s'éloigner de moi. Je l'ai assez vu pour le connaître et l'apprécier. *Son âme est toute de feu pour la vérité,* il a seulement un trop bon cœur pour vivre dans un si méchant monde ; aussi je me plaisais quelquefois à le gronder amicalement de ce que, nouveau Misanthrope, *il ne pouvait supporter* avec paix et avec douceur, *ni les hommes, ni lui-même.* Combien j'aimais à m'entretenir avec lui ! Le Seigneur semblait avoir mis autant de sympathie entre nos idées qu'entre nos sentiments, et voilà peut-être pourquoi il me sépare de vous deux ; il est jaloux de suffire à ceux qu'il aime et de leur faire acheter, par la peine de la séparation du temps, les délices de la réunion éternelle. Cependant, je me plais à croire qu'il entre dans ses desseins de vous réunir pour toujours ensemble ; votre séparation n'aura servi qu'à vous montrer combien vous vous étiez réciproquement

nécessaires, et j'espère que maintenant vous allez travailler de concert avec un nouveau courage à la glorieuse tâche que l'Epoux a daigné vous confier, qui ne consiste rien moins qu'à défendre les droits et à venger l'honneur de son Epouse. Mon Dieu, *ne soyez pas seulement savants, éloquents, soyez des Saints* si vous voulez vous mettre à la hauteur d'une si noble mission et attirer les bénédictions célestes sur tant de pénibles travaux entrepris pour la gloire de l'Eglise. Nul n'est digne de la servir, s'il n'est rempli de cette humilité, de cette douceur, de cette sage folie de la Croix qui n'ont pas moins contribué que le zèle et l'amour à faire les Apôtres et les Martyrs. Commençons par nous abaisser jusqu'au néant, si nous voulons nous élever avec sûreté et succès jusqu'à l'honneur de servir l'Eglise ; remplissons-nous de l'esprit intérieur qui la dirige et l'anime et alors l'on verra dans nos ouvrages, non plus la faiblesse de l'homme, mais la Sagesse et la Force invincibles de Dieu. »

Voilà de saintes paroles auxquelles les deux

frères durent prêter une oreille attentive et dont Féli, non moins que Jean, résolut, nous n'en pouvons douter, de faire son profit. L'éloquence, il l'avait déjà, une éloquence qui allait ébranler l'ancien monde tout entier ; la science, il travaillait, avec ardeur, depuis déjà de longues années, à l'acquérir ; la sainteté, ce troisième élément de succès, le plus important de tous, pour la cause qu'il avait tant à cœur, comment l'eût-il négligée ? Cependant son imagination le tourmentait plus impitoyablement que jamais : elle créait, sans cesse, de nouveaux fantômes, plus horribles les uns que les autres et qui tous le poussaient à l'abîme béant du désespoir. Il avait beau s'enfoncer dans sa retraite, se plonger dans l'étude corps et âme, il ne parvenait pas à chasser l'effrayante vision, ou si les spectres semblaient s'éloigner un instant, c'était pour revenir aussitôt plus nombreux, plus redoutables. C'était une obsession terrible et perpétuelle. L'infortuné qui avait cru s'y dérober en échangeant brusquement le bruit de la capitale contre le silence profond de sa Thébaïde armoricaine, voyant son mécompte, s'éloigna de

celle-ci, au bout de quelques mois et revint à
Paris où il retrouva ses tourmenteurs qui du
reste ne l'avaient pas quitté, puisqu'ils étaient les
enfants de son cerveau et que celui-ci bouil-
lonnait sans cesse comme un cratère en pleine
éruption. Il écrivit à son frère dans l'un de ces
noirs accès, si l'on en juge par cette lettre que
l'abbé Teysseyre adressa au même abbé Jean.

« Ce 29.

Je me hâte, cher ami, de calmer vos alarmes
sur votre bon frère qui a dû vous écrire une lettre
plus propre à déchirer votre cœur qu'à le consoler. Il est dans un état violent d'épreuve, de
tentations de tout genre ; il est, comme le prophète, suspendu par un cheveu sur l'abyme du
désespoir. Mais j'ai une vive confiance que l'amour
de N. S. le soutiendra toujours et ne l'abandon-
nera jamais. Il pousse l'obéissance jusqu'à célébrer *presque* tous les jours, *malgré l'horreur qu'il
semble avoir du sacerdoce* ; et nous mettons tout en
œuvre pour occuper et distraire son imagination

qui est *folle* [1] jusqu'à la *fureur* [2]. Priez pour lui, mais soyez tranquille : *infirmitas hæc non est ad mortem, sed pro gloriâ Dei* [3]. Ecrivez-lui avec une grande douceur, encouragez-le beaucoup à travailler avec moi à un grand ouvrage sur l'Indifférence, à la traduction du fameux manuscrit de Leibnitz ; parlez-lui, comme de vous-même, d'un petit projet que nous avons formé, presque sans nous être concertés, d'une société de jeunes gens éclairés pour la défense de la Religion. *Il est sauvé, si nous parvenons à l'occuper et à le distraire,* sans lui laisser le temps de respirer et de songer à ses propres pensées qui le dévorent. Vous savez combien nous l'aimons, croyez que nous n'épargnerons rien pour son bonheur. N'entrez que le moins possible en discussion avec lui sur le sacerdoce : quelques mots seulement pleins de douceur et de tendresse propres à calmer son âme agitée. »

Aux Feuillantines, où Féli s'était retiré, près de

(1) Souligné dans le texte.
(2) Id.
(3) Joan. XI, 4.

l'abbé Carron, à son retour de Londres, on ne se doutait guère, à part l'abbé Carron lui-même, qui savait sans doute à quoi s'en tenir là-dessus, qu'il était habituellement en proie à une mélancolie voisine du désespoir et de la folie. L'une des pensionnaires de Mesdemoiselles de Lucinière et de Trémereuc (Mme Agathe Carron) écrivait, en effet, au sujet de l'abbé de Lamennais, en parlant de l'époque où nous sommes arrivés (1815-1816) [1] :

« Il avait à son service un petit juif qu'il instruisit et baptisa dans notre chapelle. Souvent ses travaux lui faisaient sentir le besoin de quelque distraction, et comme il était *aussi gai que caustique,* il s'abaissait avec nous et ses nièces [2] à mille enfantillages ».

— « Les nobles dames des Feuillantines, continue le biographe de l'abbé Carron, auquel nous empruntons ces détails, l'appellent dans leurs lettres

----

(1) Vie de l'abbé Carron par un Bénédictin de la Congrégation de France (Dom Jausions), p. 560.

(2) Mlles Augustine et Marie Blaize.

le jovial Mennais. Cette expression qu'elles n'ont jamais appliquée à aucun autre de leurs amis, laisse voir qu'à leur sens, il y avait chez lui moins de gaîté de bon aloi, qu'une certaine *jovialité* un peu commune. »

Il y a quelques mois à peine, une vénérable nonagénaire, ancienne élève elle-même des Feuillantines, qui connut beaucoup Lamennais, d'ailleurs ami de sa famille, nous parlait de son entrain, de sa gaîté, comme du trait dominant de son caractère.

Comment cette gaîté débordante pouvait elle habiter une âme hantée, depuis longtemps déjà, par la mélancolie la plus noire ? Hélas ! je crains bien qu'elle n'habita jamais que le vestibule de cette âme, que les dehors. Lamennais ne se livrait probablement à ces éclats de joie bruyante que pour se donner le change à lui-même et s'étourdir ; gaîté d'autant plus exagérée qu'elle était plus factice. D'ailleurs, ce ne serait pas le premier exemple d'une tristesse profonde greffée sur un naturel pétulant et joyeux, supposé que La-

mennais ait jamais été d'un tempérament enclin
à la bonne humeur, ce qui après tout est possible. Quoi qu'il en soit, le ciel de son âme sera
désormais extrêmement sombre, à part de courtes
et rares éclaircies. Comme on le voit, en lisant
la lettre précédente de M. Teysseyre, les accès
de tristesse allaient parfois jusqu'à la fureur.
M. Peigné qui a consacré quelques pages à la des-
cription du tempérament de Lamennais s'exprime
en ces termes, à son sujet : « Irascible au dernier point, ses colères duraient peu. » [1] Il
raconte qu'un jour qu'il venait de rudoyer
cruellement et sans motif sa servante, il s'ex-
cusa auprès de la pauvre femme que cette alga-
rade avait atterrée, en lui disant : « Que voulez-
vous ! Vous savez que, par moment, je suis
un peu fou, et si je ne m'étais mis dans une
colère rouge, *j'allais encore défaillir.* » [2] Cette
anecdote, dont nous laissons d'ailleurs à l'auteur
de cet opuscule toute la responsabilité, tendrait à

---

[1] Lamennais. Sa vie intime à la Chênaie, par J. M. Peigné.
Paris, 1864, p. 55.

[2] Id. p. 56.

prouver que Lamennais regardait ces explosions de colère, comme une sorte de nécessité physique ; sa nature frêle et impressionnable à l'excès ne pouvant supporter la moindre contrariété, sa mauvaise humeur devait se faire jour violemment ; concentrée, elle affaissait sous son poids ce tempérament débile et nerveux. Nous ne voyons pas cependant que les disciples de Lamennais aient eu à souffrir de son caractère irascible, puisqu'il sut se faire aimer de tous presque jusqu'à l'idolâtrie ; c'est que probablement le génie fascinateur du Maître leur interdisait toute velléité de contradiction. En dépit du pronostic de l'abbé Teysseyre, cette *maladie* mentale était mortelle et si elle devait contribuer à la gloire de Dieu, c'est que tout y contribue, le mal comme le bien. L'infortuné grand homme ne put être sauvé, car si ses amis parvinrent à *l'occuper*, ils ne réussirent jamais à le *distraire*. Quant aux conseils que le digne Sulpicien donne à l'abbé Jean, celui-ci les suivait depuis longtemps. Mieux que personne, il savait que cette infirmité demandait à être traitée avec douceur et patience, vertus qu'il recommandera toujours, d'une façon spéciale, à tous ceux qui tenteront plus tard de réconcilier Féli avec l'Eglise, mais tous ne l'écouteront pas. Nombre de prétendus guérisseurs n'obéissant qu'à leur zèle indiscret s'appliqueront moins à verser l'huile dans les plaies du blessé, à l'exemple du bon Samaritain, qu'à les irriter par un pansement inintelligent et brutal, et les rendront incurables.

L'abbé Teysseyre continue de donner à Jean des nouvelles du pauvre Féli :

« Ce 17.

.... Votre bon frère languit toujours, on croit même qu'il dépérit depuis quelque temps ; il demande toujours d'aller à la Chênaie et moi, je refuse toujours impitoyablement cette demande, craignant que la mélancolie ne le ronge encore dans la solitude. *Il est simple et docile comme un petit enfant, avec l'esprit le plus indépendant et l'ima-*

gination la plus vive que je connaisse. Cependant quelques personnes semblent croire que l'air de la campagne et l'éloignement du théâtre des affaires où *tout le tourmente et le crucifie* pourrait être utile à sa santé. Pesez cela devant Dieu, car vous le connaissez mieux que personne.Il travaille à son ouvrage sur l'Indifférence qui sera de nature à produire une grande impression. »

La docilité d'un enfant jointe à l'esprit le plus indépendant, voilà ce qui caractérise Lamennais à cette époque. La première ne tardera pas à disparaître ; le second seul restera et restera jusqu'à la fin. Lamennais était de ces hommes qui passeraient volontiers leur vie tout entière dans les limites du cercle de Popilius,à la double condition de les tracer eux-mêmes et de les franchir quand bon leur semblerait, mais qui se sentiraient à l'étroit dans un royaume dont il leur serait interdit de dépasser la frontière.

Voici une dernière lettre du saint abbé Teysseyre à M. Jean de Lamennais, elle est du 11 janvier 1817.

« Ce 11

..... Votre bon frère est toujours bien souffrant, son ouvrage achève de l'épuiser, et néanmoins je le tourmente sans cesse pour le faire
travailler, lui disant que j'aime mieux le voir le
martyr de l'Eglise que de l'imagination.

Je voudrais bien qu'il eût ici ses papiers et
quelques uns de ses livres de la Chênaie. Je
pense que vous devriez vous unir à nous afin de
prier tous les jours pour l'heureux succès d'un
ouvrage qui peut avoir les plus grands résultats,
et mettre fin à la controverse avec les incrédules,
comme ceux de Nicole et de Bossuet ont terminé
la controverse de l'Eglise. »

« Martyr de l'imagination » : c'est bien le titre
qui convient, en effet, au malheureux Féli. On
peut dire aussi qu'il fut, dans une certaine mesure, celui de l'Eglise, puisque tous ses malheurs
lui vinrent de l'ardeur, parfois intempestive, qu'il
mit à la défendre contre les attaques d'ennemis
puissants, implacables, qui feront tout pour le

perdre et qui n'y réussiront que trop, grâce au concours de certains auxiliaires sur lesquels, peut-être, ils n'avaient pas le droit de compter.

Les poètes Hindous, lorsqu'ils parlent du guerrier qui se jette dans la mêlée à corps perdu, s'expriment ainsi : « Il fit d'avance abandon de son âme. » Lamennais fut l'un de ces héros : lui aussi se rua au plus épais des bataillons ennemis, et s'interdit toute espérance de retraite, en cas d'insuccès. Il y périt.

Les sollicitations pressantes de l'abbé Teysseyre ne furent pas les seules qui décidèrent Lamennais à passer outre, en dépit de répugnances invincibles qu'on s'obstinait à prendre pour les scrupules sans fondement d'une âme timorée et par suite pour des marques de vocation ecclésiastique. Nous avons vu que l'abbé Carron croyait la place de son protégé marquée chez les Jésuites : en tout cas il n'hésitait pas à lui affirmer qu'elle était dans les rangs du clergé. Voici maintenant un ami intime des deux frères, l'abbé Bruté, un ami des premiers jours qui vient à la rescousse et conjure Félicité de recevoir enfin la prêtrise.

Il écrivait à Jean, sur la route de l'Amérique où l'appelait sa vocation d'Apôtre :

« En mer, dimanche 12 novembre 1815.

. . . .

Féli, Féli — est-il revenu [1] ? — Est-il, sera-t-il bientôt prêtre, hésite-t-il encore ? Se pourrait-il ? Notre doux Jésus a-t-il trop d'amis, trop de prêtres en ce temps-ci ? — Et mon bon père, est-il revenu ? [2] — Mon cœur est encore tout brisé de cette partie si chère de mon voyage, si tristement manqué. Je ne lui ai seulement pas laissé de lettre en partant. Mais que je suis content qu'il ait Féli, un bien autre cœur que le mien, à le chérir et respecter pour moi, il me semble de cette manière que je suis près de lui. »

L'abbé Bruté adressait le plus souvent ses lettres à Jean, mais c'est aux deux frères qu'il écrivait ; à « son cher Jean » et à « son cher Féli », suivant les touchantes expressions dont il

(1) De Londres où il s'était rendu pendant les Cent-Jours.
(2) Il s'agit de M. Carron.

se sert le plus habituellement. On devine l'impression que devaient produire sur l'âme naturellement si chaude de Féli, ces ardentes sollicitations de l'amitié, d'autant plus qu'elles se renou-
velaient davantage et toujours plus vives.

« Dieu seul, Eternité », deux mots qui se
retrouvent dans toutes les lettres de l'abbé Bruté
aux frères Lamennais : il s'en servait auprès de
Féli, comme d'un double bélier, si je puis ainsi
parler, pour forcer sa résistance et le contraindre
à se rendre au plus cher de ses vœux.

> « 31 déc. 1815, demain 1816,
> bientôt éternité.

.....Féli, cher Féli, hâtez-vous d'être ordonné
et de vous presser avec nous aux autels. »

L'abbé Bruté rêvait non seulement de voir son
ami engagé dans les saints ordres, il le voulait
missionnaire en Amérique, lui ainsi que Jean. Il
leur écrivit, à ce sujet, une longue lettre dont on
nous saura gré, peut-être, de citer un passage.
Cette pensée de franchir l'Atlantique hanta l'ima-

gination de Féli [1] ; pour Jean, s'il n'alla pas de sa personne évangéliser l'Amérique, il y envoya plus tard ses enfants, les Frères de l'Instruction Chrétienne, qui continuent, dans nos colonies, de travailler avec succès à l'éducation religieuse des pauvres Sauvages.

« Lundi saint, 1818.
Mont Ste Marie, près Emmitzburg.

.....Oh ! quel ouvrage ou quels ouvrages à faire ici où l'opinion exerce si vivement son empire et l'imprimerie et la parole leur influence. Quelques écrits eurent une part éminente à la Révolution politique, quelques écrits feraient la révolution religieuse, mais les écrivains où sont-ils ? Ils ne sont pas encore venus, rien, rien de marquant ne se fait, rien ne se fera : « *Mitte quem missurus es* » [2] répète sans cesse mon cœur ou, cette fois, mon esprit au Seigneur ; car c'est une

(1) « Si nous en croyons Maurice de Guérin, Lamennais eut un instant la pensée, vers 1834, d'aller en Amérique. L'abbé Bruté l'y appelait depuis longtemps. » Eugène de la Gournerie. Intr. p. L.
(2) Ex. IV. 13.

chose que l'esprit plutôt aperçoit ; mais l'apercevoir confusément, même le plus en grand, n'est pas le premier pas, la première donnée pour en rien faire. Vous, dignes amis, vous, mon Jean, vous, mon Féli, il me prend cette idée la plus pressante de vous appeler en Macédoine et vous dire : « *Ostium magnum ! Ostium magnum !* » [1] Les Apôtres littéraires d'un continent où il me semble, je vous le dis, que des choses décisives se feraient pour ce titre (sic),cela ne vous tente-t-il point ? Ne ferez-vous que rire de la lettre de votre pauvre ami : *(telum) imbelle sine ictu* [2]? Je vous le dis très sérieusement, réfléchissez à la mission si belle dont vous pouvez vous former le tableau, dans ces contrées-ci. Voyez notre collège, notre société, nos bibliothèques commencées, notre excellent archevêque prêt à vous recevoir ; le climat le plus sain pour vos frêles constitutions ; qui d'entre nous qui ne s'y soit porté au moins aussi bien qu'en France ? Ou Baltimore pour séjour, ou cette paisible montagne et ses sémina-

(1) Cor. XVI. 9.
(2) Enéide II. 544.

ristes ébauchés, pour charmer les intervalles des
études et écritures auxquelles vous voilà condamnés. Plus loin la vallée dont on fait briller les
trésors aux yeux des étrangers;.... de bons habitants, quelques familles telles que vous les voyez
dans vos anciens livres, et aussi, il le faut dire,
encore tout autour de vous, non seulement dans
notre bonne Bretagne, mais à Paris même — voilà
mes offres, réfléchissez. —

Réfléchissez dis-je — mais tout de bon, le
dis-je, — mettez dans la balance le bien que vous
aurez fait en dix ans d'ici, en France — obser-
vant qu'il se fût fait dans votre absence — et
celui que vous auriez fait ici pour les siècles à
venir de cet immense continent..... Réfléchissez.»

Nous nous arrêtons ici dans ce que nous
appellerons l'histoire de la vocation de Lamennais ;
si forcée que celle-ci nous semble avoir été, nous
ne voyons pas que Lamennais ait songé à le reprocher à personne et si, dans une lettre à M. Marion,
publiée par M. de la Villerabel [1] il parle de
« l'influence funeste » de son frère, il ne saurait

(1) *Confidences de Lamennais*, p. 215.

s'agir de sa vocation cléricale, puisque Jean affirma toujours qu'il « n'y était pour rien » et qu'il « en était enchanté » [1]. D'ailleurs, lorsque Lamennais s'exprimait ainsi, un abîme infranchissable (abîme, du moins qu'il refusait de franchir) était creusé entre les deux frères, au grand désespoir du saint abbé Jean. Cette parole dure de Féli est une exagération manifeste, bien que peut-être inconsciente.

Qu'on nous permette, en terminant ce triste épisode dont les suites devaient être si fatales, de citer les paroles d'un écrivain qui fréquenta longtemps Lamennais pour lequel cependant il n'éprouva jamais, ce semble, beaucoup de sympathie et qu'en tout cas il a parfois sévèrement jugé :

« Je me rappelle, dit Sainte-Beuve [2], un der-

---

(1) Lettre à M. Querret, citée par M. de la Villerabel, id. id. Cette lettre est datée de 1815, du lendemain, pour ainsi dire, de la promotion de Féli au sous-diaconat. L'abbé Jean, on le voit, n'attendit pas la défection de son malheureux frère pour dégager sa responsabilité de son entrée dans les ordres.

(2) Causeries du lundi. XV. 65. (Octobre 1860).

nier entretien que j'eus avec Lamennais. Après
l'avoir beaucoup connu, je m'étais éloigné et
l'avais perdu de vue pendant près de dix ans.
Le retrouvant au printemps de 1846, il avait
oublié quelques critiques de moi un peu vives,
et me les avait pardonnées ; il me parut aimable, gai, comme il l'était volontiers dans ses
bonnes heures, fécond de vues et jeune d'esprit ; et entre autres choses, il me dit ces propres paroles qui étaient une manière d'apologie en
réponse à des objections qu'il devinait au-dedans
de moi et que je me gardais bien d'exprimer ; je
ne donne d'ailleurs l'apologie que pour ce qu'elle
vaut : — J'ai reçu de la Providence, me disait-il,
une faculté heureuse dont je la remercie, la
faculté de me passionner toujours pour ce que je
crois la vérité, pour ce qui me paraît tel actuellement. Je m'y porte à l'instant comme à un
devoir, sans trop me soucier de ce que j'ai pu
dire autrefois. On arrangera tout cela un jour
après moi, on en tirera ce qu'on pourra ; je ne
m'en charge pas, et je laisse ce soin aux autres.
On dira : *Il fut sot tel jour*, ce qui ne m'étonne-

rait pas beaucoup si j'étais là pour l'entendre. —
Et il riait de son petit rire en parlant ainsi. »

Cette apologie, si apologie il y a, vaut
quelque chose ; et ces paroles, Lamennais, n'en
déplaise à Sainte-Beuve, dut les prononcer sans
arrière-pensée, s'il faut en croire Sainte-Beuve
lui-même qui écrivait en 1850 cette phrase qu'il
avait probablement oubliée dix ans plus tard (ce
qui n'offre rien d'extraordinaire), lorsqu'il parlait
comme nous venons de le voir.

« De lui (Lamennais), on peut dire tout ce
que l'on voudra, mais non pas qu'il est un
homme calculé » (1).

Non, Lamennais ne fut pas un homme calculé. Il entra dans l'Eglise et il en sortit, sans
arrière-pensée : il ne trafiqua pas plus de son
apostasie qu'il ne le fit de son orthodoxie. Cette
absence de « calcul » doit, croyons-nous, protéger
sa mémoire, car elle le rend moins condamnable,
et dès lors plus digne de commisération.

(1) Causeries du lundi. II. p. 303.

CHAPITRE QUATRIÈME

1816-1822

F ÉLI écrivait de Paris à M. Querret, le 20
octobre 1816.

— M. de Châteaubriand m'a remis, mon cher
Querret, votre lettre et celle de M. de Lehen ;
mais comme je ne les lus qu'après son départ, il
ne fut question entre nous que de choses assez
vagues. Cependant, je lui témoignai, le plus
honnêtement qu'il me fut possible, le désir de
cultiver sa connaissance. De son côté, M. Carron
à qui je communiquai ce que me marquait M. de
Léhen, écrivit à ce jeune homme pour l'engager
à le venir voir, ce qu'il n'a pas fait encore que
je sache. Cela ne me surprend pas beaucoup.

Il y a bien loin des Feuillantines à la rue de l'Université, et l'on est aisément, à un certain âge, séduit par un certain monde. Peut-être penserez-vous que j'aurais dû aller voir M. de Châteaubriand. Cela eût été, j'en conviens, très-fort dans la règle ; mais cette règle est ici totalement incompatible avec les devoirs des gens occupés. La vie se passerait en visites, et ce serait trop aussi. Aussi (sic) n'ai-je de rapport qu'avec les personnes qui me dispensent de cette gêne insupportable ; autrement, il faudrait renoncer au travail, et du soir au matin, s'en aller de porte en porte recevoir et distribuer l'ennui. Pour moi, comme l'homme de la fable, laissant le plus empressé courir après lui, je l'attends paisiblement, au coin de mon feu dans ma petite chambre, et souvent je ne le trouve encore que trop exact au rendez-vous. Je crois inutile d'écrire ces détails à M. de Lehen ; veuillez, en lui présentant mes hommages, lui dire de ceci ce que vous croirez à propos qu'il en sache.

Ici, comme partout, les esprits sont fort agités. On attend le mois de novembre avec impatience, et puis, l'on attendra décembre et janvier tout aussi impatiemment. Ainsi va le monde, nous ne le changerons pas. Quand La Bruyère et Pascal se sont mis à chercher la cause des malheurs de l'homme, ils ont trouvé qu'ils venaient presque tous de ne pas savoir garder la chambre. C'est ce qui fait que je me tiens dans la mienne et bien fous, à mon avis, ceux qui n'en font pas autant. Si j'avais à peindre la stupidité opiniâtre, je prendrais pour modèle un de ces pauvres gens qui, toujours mal à l'aise au milieu de leur famille et de leurs amis, s'en vont, guidés par des filous, de chambre en chambre, de tripot en tripot, jusqu'à celui où les attend le déshonneur et la ruine. Arrivés là, joués, dépouillés, conspués, bernés : « Vraiment, disent-ils, c'est pour tout de bon : qui l'aurait cru ? » — Eh, pauvres idiots, lisez les prophètes. N'est-ce pas pour vous qu'il est écrit dans Jérémie : a, a, a, a, a ? [1] — Mais, voyez un peu, ils ne comprennent même pas cela.

[1] Jer, I. 6 ; XIV, 13. Interjection de douloureuse stupeur, chez le prophète. Lamennais y voit, de plus, dans la circonstance, un plaisant monosyllabe qui rappelle autre chose que le cri du lion.

Adieu, mon ami, écrivez-moi et ne doutez jamais de mon inviolable attachement. —

Nous observons que Lamennais oublie assez souvent de signer ses lettres : un simple parafe, comme ici, ou l'initiale F, lui tient lieu de signature le plus habituellement.

Féli depuis son retour d'Angleterre habitait Paris, auprès de M. Carron, chez de vieilles et saintes demoiselles [1] que les deux frères appelaient familièrement « leurs bonnes Feuillantines », parce que leur demeure était située dans l'impasse de ce nom, au faubourg St Jacques. Si Féli prodiguait ses forces, de son côté Jean ne ménageait guère les siennes non plus, comme nous l'apprend la lettre suivante de l'abbé Carron :

« Paris, 11 mars 1817.

Mon tendre et vénéré ami. Que j'ai donc entendu avec peine un petit paragraphe de votre

(1) Mlles Cornulier de Lucinière, de Villiers et de Trémereuc. Elles étaient à la tête d'un pensionnat. L'une de leurs élèves, aujourd'hui Madame de la Porte-Barrée, nous racontait tout dernièrement que l'abbé Féli, malgré sa complaisance filiale pour l'abbé Carron,

dernière lettre à notre bien aimé Féli. Quoi ! Seriez-vous donc résolu de réduire aux abois une santé déjà si faible et comme épuisée par vos immenses travaux ? Mais contemplez l'Eglise de France, et calculez, s'il vous est possible, mon bien tendre ami, l'étendue de la perte qu'occasionne la mort d'un bon prêtre, surtout d'un prêtre en autorité, comme il mérite d'y être *(sic)*. Je viens, au nom d'une amitié que je crois entre nous deux éternelle, vous conjurer de consulter mieux vos faibles forces, et de ne plus aller imprudemment au-delà. Songez, fidèle ami, que c'est encore plus ma conscience que mon cœur que je consulte ici. Notre cher Féli me paraît un peu mieux et plus gai. Priez pour nous, rendez-vous aux vœux de notre tendresse, embrassez de ma part le digne M. Viel. Je vous *colle* sur mon cœur. Votre si tendre et si respectueux ami. Guy Carron. »

Le digne abbé Carron avait, on le voit, con-

ne se résigna jamais à prêcher, à sa place, devant les jeunes élèves, quelque instance qu'on lui fit. Le puissant écrivain ne se sentit jamais orateur.

servé quelque chose de la phraséologie du XVIIIe
siècle : mais chez lui les actes commentaient
éloquemment les paroles qui alors n'avaient
plus rien d'exagéré. Lorsque l'Eglise de Saint-
Brieuc sortit enfin de son long veuvage, à l'arrivée de Mgr le Groing de la Romagère dont Féli
parle si plaisamment dans une lettre à Jean [1],
celui-ci résolut de quitter le diocèse qu'il avait
administré avec tant de sagesse et de fermeté,
durant la vacance du siège. M. Carron, dans
une lettre du 13 août 1817, nous apprend qu'il
ne goûtait point ce projet, mais que les raisons
qu'il opposait à son exécution étaient victorieu-
sement combattues par Féli qui se réjouissait,
sans doute, à la pensée de voir son frère, débar-
rassé des soucis de l'administration d'un vaste
diocèse, lui prêter de nouveau, pour ses futures
publications, le secours de son érudition vaste
et solide. M. Carron battu par correspondance
espérait bien reprendre sa revanche de vive voix,
lorsque Jean viendrait à Paris. Jean fit, en effet,
le voyage de la capitale où, s'il faut en croire

(1) Blaize. I. 365.

l'abbé Carron (lettre du 9 novembre), il tourna
« toutes les têtes... des vénérables matrones [1] et
de leurs aimables pupilles » ; mais Féli fut vaincu
à son tour, puisque Jean retourna peu après en
Bretagne, à Saint-Brieuc, près du nouvel évêque
aux instances réitérées duquel il cédait non moins
qu'à l'argumentation *orale* de l'abbé Carron.

Le premier volume de l'Essai parut au commencement de l'année 1818. Féli écrivait, le 9
février, à son homme d'affaire, à Saint-Malo [2] :

« M. de Bonald et d'autres personnes distinguées
ont fait à mon insu des démarches pour faire
annoncer mon livre dans le journal des Débats.
Feletz s'en est chargé, mais il a demandé du
temps. Je connais l'homme et ne compte guère
sur sa diligence. Du reste, on me juge ici assez
favorablement. L'abbé Frayssinous disait : « Cet
ouvrage réveillerait un mort. » Ceci entre nous,
je vous prie, etc. »

[1] Les Feuillantines.

[2] Il s'appelait Biarrote, si toutefois nous avons bien lu sa signature au bas de la lettre qu'il écrivait à l'abbé Jean, le 19 fév. 1818.
-- C'est sans doute le même que celui dont parle Féli dans sa lettre
du 5 juillet 1820, adressée à M. Querret et que l'on trouvera ci-après.

De son côté, Châteaubriand écrivait, à l'adresse de l'auteur de l'Essai, ce billet daté du 11 mai :

« Mon illustre compatriote, votre talent aurait donné l'immortalité à cet ouvrage, moi, je la reçois de mon sujet. Combien je regrette de ne vous voir jamais ! Mille tendres amitiés et admiration sincère.

Châteaubriand, 11 mai. (1) »

Les deux célèbres Malouins ne tardèrent pas à se brouiller, pour se reconcilier plus tard.

Le livre magistral de Lamennais secoua, dans leur torpeur, non seulement les indifférents auxquels il s'adressait plus spécialement, mais les Voltairiens, toujours en si grand nombre, et jusqu'aux Gallicans qui ne virent pas sans terreur l'influence prépondérante que valait cet ouvrage à leur ennemi juré. Tous ne tarderont pas à s'unir contre l'*Ultramontain* (2).

(1) « Copié à Ploërmel, sur l'original. » Note de M. Houet.

(2) « Le mot d'ordre contre les défenseurs des principes catholiques, c'est l'Ultramontanisme. » Lettre de Féli à Jean. 7 avril 1818. Blaize. I, 352.

En 1818, nous apprend une note de M. Houet, Gratien Robert de Lamennais, le jeune frère de Jean et de Féli, décéda aux colonies du *vomito*. Féli, en particulier, ressentit une si vive douleur, à cette nouvelle, que les médecins craignirent pour son existence d'ailleurs excessivement frêle et délicate. M. Carron écrivait, le 8 août 1818, à Jean que M. de la Romagère avait pris pour vicaire général.

« — Mon bien aimé ami, si j'ai pour le cher Féli et pour vous le cœur du plus tendre frère, quelle part n'ai-je pas prise à la vive et juste douleur que vous éprouvez et que nous partageons bien avec vous ! Je tremble que tout le bien qu'avait fait à notre ami son voyage de Bretagne [1] ne soit perdu par le coup subit dont il a été frappé : une affection spasmodique l'a mis, pendant plusieurs heures, dans un état dé-

[1] Féli était allé se reposer quelque temps dans sa province natale. C'est durant le séjour qu'ils firent ensemble, à la Chênaie, à cette époque, que les deux frères écrivirent à M. Bruté la lettre publiée par M. de la Gournerie, p. 147. Nous avons sous les yeux l'original de cette lettre remarquable : elle est écrite toute entière de la main de Jean et signée de lui et de Féli.

chirant ; les larmes ne sont point venues et il en faudrait d'abondantes pour réprimer et faire cesser cette sorte de crise : j'espère, mon tendre ami, vous donner en quelques jours des nouvelles plus consolantes ; mais je vous demande en grâces de vous ménager vous-même, de modérer votre affliction, si vous avez un peu de pitié pour vos meilleurs amis. Pour qui la voix de la Religion peut elle être plus éloquente, que pour un cœur comme le vôtre ! Ici, tous les cœurs sont pleins de vous. Votre affligé et si tendre ami G. Carron, p^{tre}. »

Mlle de Trémereuc, l'une des Feuillantines, prenant la plume, à son tour, écrivait, sur la même feuille, ces paroles touchantes :

— « Excellent et malheureux ami, que (sic) nous partageons tous sensiblement la peine accablante des deux frères ! Les médecins nous assurent bien qu'il n'y a nul danger dans l'état de notre cher Féli. Soyez donc tranquille sur son compte et ménagez-vous pour Dieu et pour vos amis.

A. Trémereuc. »

M. Teysseyre, le saint prêtre que les deux frères comptaient parmi leurs meilleurs amis, succombait aux atteintes d'un mal cruel dans ce même mois d'août [1]. L'abbé Carron écrivait de Paris, à la date du 24 août 1818, au sujet de cette mort : « Ce nouveau choc a été parfaitement supporté par mon Lamennais qui se refuse d'ailleurs à toute distraction. » [2]

Enfin, le 19 9ᵇʳᵉ suivant, mourut en Angleterre, chez ses parents, Henry Moorman, jeune homme que Féli, pendant son séjour à Londres, avait entrepris de convertir à la religion catholique et avec lequel il entretenait les rapports les plus intimes, tant il avait à cœur d'amener à la connaissance complète de la vérité cette âme qu'il jugeait pleine de candeur et de loyauté. Forgues parle longuement de

(1) Le 22.

(2) Dans une lettre du 23, Féli disait lui-même à son frère : « La nuit dernière, à deux heures et demie, notre pauvre Teysseyre a cessé de vivre. Je l'avais quitté à neuf heures. Quoique dans un délire continuel, il a été admirable dans toute sa maladie. L'Eglise ne pouvait faire une plus grande perte. Ne sois pas inquiet de ma santé. Un autre coup m'avait préparé à celui-là. *Je puis pleurer.* » Blaize, I, p. 368.

cette amitié qu'il qualifie, à son insu probablement, d'un terme odieusement équivoque. La
nouvelle de cette mort frappa d'un nouveau coup
l'âme si aimante du grand écrivain. M. Carron
écrivait le 3 mars 1819 :

« La mort du jeune et aimable étranger que
le cher Féli aimait comme un frère a fait sur lui
une trop vive impression. Le genre de vie actuel
de ce digne ami est fort dissipant et je n'en dirais
pas un mot si je ne trouvais que cette nouvelle
mesure [1] ne nuisît à sa faible constitution. Nous
le voyons fort peu, et il est toujours fort triste.
Ah ! que le Seigneur prenne sur ma vie pour
conserver la sienne, *elle est notre trésor à tous.* » [2]

Depuis l'apparition du premier volume de l'Essai, le nom de Lamennais était dans toutes les
bouches. On lui supposait un crédit aussi consi-

[1] Nous croyons lire ce mot (d'ailleurs assez impropre peut-
être) sur la copie de M. Houet.

[2] En parlant de cette mort Féli écrivait à son frère, le 2 février
1819 : « On t'a marqué le nouveau malheur que j'ai eu à supporter.
J'ai espéré un moment de n'y pas survivre. Dieu en a ordonné
autrement. » Blaize. I, 385.

dérable que sa réputation et l'on se recommandait à lui un peu de tous côtés. Mais si son nom était connu, sa personne ne l'était guère ; la vie retirée [1] qu'il avait toujours menée le rendait peu propre au rôle de protecteur qu'on voulait lui faire jouer malgré lui. Il écrivait le 7 mai à M. Querret :

« Je m'estimerais très heureux, mon cher ami, d'être utile à M. Jalobert, mais rien, à mon grand regret, n'est moins en mon pouvoir. Paris est le lieu du monde où il est le plus difficile de se placer. M. Jalobert le sait mieux que personne. Il a employé ici, l'année dernière, 7 ou 8 mois à faire des démarches qui sont demeurées sans succès. Il en serait de même s'il revenait. Le meilleur parti qu'il puisse prendre est de rester chez sa sœur ; il n'est pas possible que sa famille le laisse dans la misère, et il ne ferait d'ailleurs que l'augmenter par l'inutile dépense d'un voyage à Paris. J'ai sur les bras plusieurs personnes dans la même position que lui, ou dans une position plus fâcheuse

______

(1) Le 28 mai 1818, il écrivait de Paris à Jean : « Je suis censé être à la campagne. Je ne sors point et ne vois que quelques amis qui entrent par billet. » Blaize. I. 356.

encore. Je n'ai pu réussir à procurer de place à aucune d'elles. Vous concevez que ce n'est pas sans peine que je vous engage à détromper de ses espérances M. Jalobert ; mais il faut bien lui dire la vérité.

« Je suis accablé de fatigues, c'est ce qui m'empêche de vous écrire plus longuement. Mille choses tendres à tous nos amis. Je vous prie de remettre à mon beau-frère les 52 fr. dont vous me parlez. Adieu, mon ami, priez pour moi ; je vous embrasse de tout mon cœur.

F. M. »

On n'écrivait pas seulement à Lamennais pour solliciter sa protection : de toutes parts lui arrivaient des témoignages d'admiration et de haute estime. Et, ce qu'il y a de plus flatteur pour un écrivain, on commençait à le piller, chose qui n'arrive guère aux méchants auteurs, à ces pauvres diables qui empruntent toujours et ne prêtent jamais, à leur grand dépit. Un conseiller aulique lui adressait de Vienne, le 24 novembre 1819, la lettre suivante :

« Recevez, Monsieur l'abbé, l'hommage que prête un inconnu dans l'éloignement (1) à vos vertus, à vos talens, à vos principes, et surtout à votre zèle pour la gloire de Dieu et pour le retour des hommes à la vérité, qu'une fausse philosophie leur a fait méconnaître, et que l'empire des sens, de l'intérêt et de l'orgueil n'a que trop facilement obscurcie.

« On avait récemment le dessein de faire réimprimer à Vienne votre ouvrage sur l'indifférence en matière de religion, auquel vous donnez modestement le nom d'essai, puisque plusieurs personnes désiraient se le procurer, et que les libraires semblaient ne pas vouloir s'y prêter. Maintenant que ceux-ci ont changé de système, y trouvant leur intérêt, et que nous sommes à la veille de voir paraître une bonne traduction allemande et probablement aussi une en langue polonaise, on a abandonné ce projet.

« Je prends la liberté de joindre à ces lignes un exemplaire d'une feuille périodique, qui paraît

____

(1) Nous respectons les germanismes de l'auteur.

depuis le commencement de l'année courante,
dans le but d'engager par son petit volume et sa
variété, deux fois par semaine, à quelque lecture
utile ceux qui ne se prêteraient pas à lire un livre
qui annoncerait une matière de spiritualité. Vous
y trouverez, Monsieur l'Abbé, l'usage qu'on a fait
de quelques petits écrits sortis de votre plume,
qu'on a trouvés dans le Conservateur. Il a été
depuis inséré celui sur le suicide. Vous excuserez,
Monsieur l'Abbé, cette espèce de plagiat. Si je puis
croire que la continuation de cette petite feuille
puisse ne pas vous être désagréable, je chercherai
les occasions à vous les faire parvenir. En attendant, je vous demande le secours de vos prières,
Monsieur l'Abbé.

« Votre tout humble et très obéissant serviteur,

Le baron de Jenhler [1],

conseiller aulique.

De Vienne le 24 novembre 1819. »

(1) Nous ne sommes pas certain de bien lire cette signature.

En 1820 parut le second volume de l'Essai. Il devait encore faire plus de bruit que son aîné, mais aussi allait-il être plus exposé à la critique. Lamennais y exposait sa fameuse doctrine du sens commun qui devait, selon lui, renouveler la philosophie et par contre-coup l'apologétique chrétienne, en les asseyant, l'une et l'autre, sur une base qu'il jugeait inébranlable. L'un des biographes de Jean [1] traitera cette confiance que Lamennais avait en son génie « d'orgueil immense » — « orgueil saint et légitime, cruellement expié » observe ici M. Houet. Quoi qu'il en soit, malgré les contradictions qui assaillirent ce second volume, ou mieux à cause d'elles, il obtint une vogue extraordinaire, augmentée encore par la célébrité acquise déjà par son auteur. Celui-ci écrivait de Saint-Brieuc, le 5 juillet 1820, à M. Querret :

« Vous recevrez, mon cher ami, cent exemplaires de mon 2e volume. Veuillez en accepter un pour vous et en faire remettre :

« 1 à mon oncle [2] ;

[1] Sigismond Ropartz, p. 41.
[2] M. des Saudrais, le frère de son père.

« 1 à mon beau-frère [1] ;

« 1 à Biarrote [2] ;

« 1 à Bellevue et 1 à Bois, de ma part. J'oubliais Marion l'aîné à qui j'en destine aussi un exemplaire.

« Quant aux autres, je compte sur votre obligeance pour les placer successivement. Ce volume se vend 5 francs à Paris. Je vous en fais expédier un grand nombre, parce que cela diminue les frais de transport, et que nous avons du temps devant nous.

« Vous verra-t-on bientôt ? Vous devriez venir passer quelques jours à Saint-Brieuc, ou au moins à la Chênaie, pendant les vacances. Je compte y être vers la mi-août. Mon frère vous embrasse et je l'imite de tout mon cœur. F. »

M. de Sambucy écrivait de Rome, le 7 septembre 1820, à l'abbé Jean :

« ... Je suis flatté de reprendre avec vous une correspondance qui ne pouvait que m'être fort

[1] M. Ange Blaize.
[2] Le même sans doute que plus haut.

agréable, et je suis fort aise de savoir que votre excellent frère se repose, auprès de vous, de ses veilles et de ses fatigues. Soignez sa santé si précieuse pour la Religion et offrez lui mon respectueux dévouement. »

M. Frayssinous qui, nous l'avons vu plus haut, disait du 1ᵉʳ volume de l'Essai « qu'il réveillerait un mort », écrivait de Paris le 17 août (1820) à l'auteur, alors chez son frère à Saint-Brieuc, la lettre suivante où il constate l'opposition soulevée par l'apparition du second volume, surtout dans les rangs du clergé :

« Monsieur et très honoré confrère, j'ai fait passer à l'abbé Jarry la lettre qui le concernait ; il réside à Falaise, département du Calvados.

« J'étais à la campagne, lorsque votre lettre du 31 juillet est arrivée ici. Depuis cinq semaines, je n'ai fait que végéter par suite d'une indisposition assez grave qui m'a laissé beaucoup de faiblesse de tête et de jambes ; je suis incapable de toute occupation sérieuse ; aussi je serais hors d'état d'émet-

tre une opinion raisonnée sur votre second volume ;
seulement, je le connais assez pour y trouver
l'empreinte d'un esprit très supérieur et du contro-
versiste le plus rigoureux qui ait écrit depuis
Pascal [1]. Je suis bien sûr de ne pas vous déplaire
en vous faisant part de l'impression qu'a faite sur
les ecclésiastiques, en général, votre second volume.
Il n'y a qu'une voix sur la force du talent ; mais
ils se sont alarmés de la philosophie nouvelle qu'il
renferme, ils craignent que vous n'ayez, d'un côté
affaibli les motifs ordinaires de crédibilité et de
l'autre trop exagéré celui de l'autorité ; je crois
qu'il est nécessaire que, dans une explication bien
nette, bien simple, à la portée de tous les esprits,
vous manifestiez la suite de votre système philosophique. Je connais ici un homme d'un esprit
solide, exercé, habitué à réfléchir et à combiner
ses idées qui m'a dit vous avoir lu deux fois avec
beaucoup d'attention ; je l'ai prié de mettre par
écrit ses observations motivées ; il me l'a promis ;
s'il me tient parole, je vous ferai passer son travail et vous verrez.

(1) Le Gallican ne ménage pas les éloges à l'Ultramontain.

« Ne m'oubliez pas, je vous prie, auprès de M. votre frère ; je remercie bien sincèrement le Ciel de vous avoir donnés l'un et l'autre à l'Eglise de France, dans ces jours d'extrême pénurie.

« Recevez tous mes sentiments,

Frayssinous. »

Le lendemain, vendredi, 18 août, l'abbé de Lamennais recevait de Paris cette autre lettre, relative au même sujet [1] :

« Vous ne recevriez pas de lettre de moi, mon cher ami, si en ce temps ci, comme précédemment, vous ne receviez que des éloges, je ferais alors très volontiers partie d'un chœur, mais rarement, en un semblable concert, je me charge d'un solo.

« Mais l'état où je rencontre quelques personnes qui ont lu votre second volume et qui me paraissent ne l'avoir pas du tout compris, provisoire-

[1] Elle a pour suscription : Monsieur Lamennais, grand vicaire de Mgr l'évêque de St-Brieuc, pour faire parvenir à M. Félix (sic) Lamennais, son frère.

11

ment le jugent et en portent un jugement très peu favorable, cet état, dis-je, est quelque chose d'assez curieux pour que je vous en entretienne. Tout simplement on vous accuse d'avoir tout ébranlé, d'avoir répandu le doute partout, d'exiger que l'on méprise la belle organisation que Dieu a accordée au genre humain, etc. Je ne sais si l'on ne va pas jusqu'à vous prêter l'intention de soutenir que ce n'est pas avec des yeux d'hommes que ce qui est visible a été vu, car ils ne sont pas bons pour cela, pas plus que les oreilles pour entendre.

« ... Je ne puis retenir le sens des belles choses que j'ai entendues. Or, voici ce que j'ai essayé de présenter comme votre pensée, et comme la thèse : Qu'*un* homme *isolé*, entièrement *séparé* de toute communication avec la société, livré enfin à lui seul, à l'exercice de ses facultés personnelles, corporelles et spirituelles, pourrait, sans doute, exercer ses sens, son raisonnement et son sentiment intime sur les impressions qu'il en recevrait et où il trouverait des germes d'idées, mais que de tout ce travail il ne tirerait pas un atome de certitude ; il en tirerait bien des doutes, des appréhensions, des questions de toutes sortes d'espèces[1], mais en tout ceci, il n'y a nulle certitude ; une goutte ne forma jamais une rivière et encore moins une mer navigable, si ce n'est pour moins qu'un ciron ; cet état de l'esprit, cette force avec laquelle il sait qu'il peut et doit tenir à ses notions est le produit de circonstances d'où l'hypothèse faite, sépare l'homme en question et qui est l'homme du philosophisme [2] ; dites-moi si vous prenez ceci pour votre thèse, comme je le pense et comme semble l'indiquer la page LXXXIII de la préface, page à laquelle plusieurs *inattentifs* n'ont pas fait *attention*. Quant à moi, j'affirme que c'est mon sentiment en ce qui concerne la certitude des éléments des sciences. Au reste, il m'est arrivé de rencontrer dernièrement M. Frayssinous. On lui avait prêté un jugement porté sur votre ouvrage et je le lui demandais. Il me répondit que l'état de

(1) Il va, sans dire, qu'à part l'orthographe un peu archaïque parfois, je respecte le style de tous les documents que je transcris.

(2) Je certifie la copie conforme à l'original ; ce que je ne saurais garantir, c'est l'absence de galimatias dans celui-ci. Mais enfin, puisque Lamennais a cru devoir conserver cette lettre, c'est qu'il ne la jugeait pas absolument méprisable, en dépit de son style un peu... barbare, s'il faut dire le mot.

sa santé ne lui avait pas permis d'ouvrir le volume, et vous voyez ce qu'il faut penser de ce qu'on lui faisait dire, mais il voulut savoir de moi quel était le sujet qui causait tant de bruit. Lui ayant énoncé cette proposition dans le sens et presque dans les termes que je viens d'employer, et cela devant un témoin respectable (mais que je regarde comme un *inattentif* en cette occasion), il assura que sur ce sujet il y avait un magnifique ouvrage à faire, et il en était si frappé qu'il s'étendit sur tout ce qu'il croyait devoir y être rattaché. On contesta que ce fût votre pensée et ce n'est que pour cela peut-être que je vous demande oui ou non. Vous voyez bien que je ne parle absolument que du premier chapitre ; mais vraiment, en le relisant, j'ai honte de ma question et je vous demande pardon, mon bon ami, de vous en importuner. Ne voyez donc dans ma lettre que l'effet du mécontentement où me porte tout ce que j'entends depuis quelque temps de déraisonnable. Je sais bien une explication de tout ce bruit que cause votre volume, mais elle n'est pas prise dans le défaut de clarté de votre premier chapitre. Nous en avons quelquefois parlé et il sera fort inutile de la reproduire. Arrivez-nous ici promptement, car j'aimerais bien mieux vous dire tout cela et autre chose que d'en charger le papier que je ne sais que barbouiller [1]. J'espère qu'en tout cela il n'y a pas d'affliction pour vous et que vous réduisez à leur valeur les jugements précipités... Vous nous aviez promis de n'être pas si longtemps absent. Malgré que j'en veuille beaucoup à M. votre frère de vous avoir gardé si longtemps, présentez-lui mes amitiés avec mes respects,

« Votre bien affectionné... [2].

« Je ne sais où vous êtes en ce moment, mais j'adresse à M. votre frère qui saura sans doute où vous atteindre. »

Lamennais résumera plus tard lui-même en deux mots son système dans une lettre à M. Grandi, de Gênes : « Je soutiens qu'aucun homme n'est infaillible, et c'est là toute la question ; car l'infaillibilité de la raison qui affirme et la certitude

---

(1) *Habemus confitentem reum.*

(2) Signature illisible : *Dmis.* Peut-être faut-il lire *Denis.* Cf. Blaize ,I, p. 394.

de la chose affirmée sont deux choses inséparables ou plutôt identiques. » [1].

D'ailleurs voici comment il expliquait les contradictions qu'il rencontrait en France : « Les Gallicans... disaient... qu'ils voyaient bien où je voulais en venir, que mon dessein était d'établir *l'infaillibilité du Pape,* et que c'était pour cela qu'il fallait discréditer ma doctrine » [2].

Nous donnons ci-dessous l'exposé complet de cette fameuse doctrine du sens commun.

Le 22 août de cette même année 1820, Jean écrivait à l'un de ses amis de Malestroit :

« Mon cher ami,

« Je vous remercie de m'avoir envoyé les papiers que j'avais oubliés hier, à Malestroit : je regrette de ne les avoir pas eus ce matin, car j'ai eu des raisons d'envoyer dès aujourd'hui à Mgr l'évêque de Rennes un exposé de notre système de philosophie : voilà mon brouillon que je vous prie de

(1) Lettre du mois d'août 1821. Blaize, I. p. 401.

(2) Lettre du 1er décembre 1821 au P. Anfossi, maître du Sacré Palais. Blaize, I, 409.

me renvoyer par la première occasion sûre : il paraît que l'Evêque désire que l'on ne consulte pas Rome dans ce moment-ci : mais j'ai cru devoir ne pas tarder à lui faire voir que notre doctrine n'était pas opposée à l'Encyclique,

« Tout à vous,

Jean. »

Voici très vraisemblablement le brouillon dont parle Jean, ou plutôt la copie, car l'écriture n'est pas de sa main, non plus que de celle de son frère [1] ; peut-être aussi n'est-ce qu'un fragment de l'original, comme la première phrase paraît le supposer assez clairement. En tout cas, nous avons là et de première main, on peut le dire, ce fameux système du principe de certitude inauguré par Féli et que Jean faisait alors sien :

« ... Ces considérations si simples contiennent toute la doctrine de la certitude et pour la bien comprendre il suffit de développer ce qu'elles renferment.

---

[1] Elle est probablement de M. Houet lui-même, bien qu'elle soit beaucoup plus lisible que son écriture cursive ordinaire.

« Et d'abord on voit, qu'en traitant cette question, on commence par supposer premièrement que l'homme a l'idée de la vérité, en d'autres termes qu'il est intelligent ; secondement qu'il est en rapport avec d'autres êtres intelligents semblables à lui, c'est-à-dire qu'on suppose ce qui est nécessairement supposé dans toute discussion humaine. En effet, on demande à tout homme auquel on entreprend d'expliquer cette doctrine, s'il se croit intelligent et s'il croit à la communication des intelligences au moyen de la parole. S'il répond négativement, il ment par cela même qu'il répond, et d'ailleurs on n'a rien à dire à un fou qui ne sait pas si on lui parle. Si cet homme répond affirmativement, le fait primitif de la communication des intelligences est admis pour base de toute la discussion. Mais alors on doit sentir qu'il serait aussi absurde de revenir ensuite à demander comment on pourrait prouver cette communication des intelligences, qu'il le serait de revenir à demander comment on prouve que l'homme est un être intelligent, puisque ce serait dans les deux cas remettre en question ce qui a été convenu d'abord, ce qui a dû l'être nécessairement, sous peine de ne pouvoir, je ne dis pas traiter, mais même énoncer une question quelconque.

« On doit aussi remarquer qu'on ne *démontre* pas que le principe de certitude réside dans la raison générale, en ce sens que l'on déduise l'infaillibilité de celle-ci d'une vérité antérieurement certaine. Cela même serait contradictoire, car ce serait supposer d'une part qu'elle renferme le principe de certitude, et de l'autre qu'elle ne le renferme pas, puisqu'on chercherait, hors d'elle, le principe de cette démonstration même. Au lieu de tomber dans cette contradiction fondamentale, on montre, en considérant seulement, ainsi que nous l'avons vu, des faits relatifs à notre nature, qu'il faut ou douter de tout ou croire à la raison générale, et la tenir pour infaillible ; de sorte que l'on admet cette infaillibilité, non d'après une conception de la raison, mais le besoin de croire, inhérent à notre nature.

« Mais, si l'on considère, sous un autre point de vue, ce qu'on appelle démonstration, on verra que cette doctrine importe avec elle une démonstration du même genre que toutes les autres, et en même temps beaucoup plus forte. En effet, toute démonstration se réduit à un syllogisme, dont les deux premières propositions, supposées certaines, doivent contenir la troisième qui est celle que l'on veut prouver et la force de la démonstration consiste à obliger l'adversaire à reconnaître cette troisième vérité, ou à renoncer aux deux autres vérités qui font partie de sa raison. Or, si l'on rejette la doctrine d'autorité, on est obligé de renoncer non pas seulement à une partie de la raison, mais à la raison humaine toute entière : ce qui constitue le plus haut degré de force qu'une démonstration puisse avoir.

« On voit par tout ce qui précède que la certitude primitive pour l'homme est purement relative à sa nature, et en effet, elle ne saurait être rien de plus, ni pour lui, ni pour toute intelligence créée. Pour qu'elle fût quelque chose de plus, il faudrait qu'il connût que sa nature est, par elle-même, en possession de la vérité, c'est-à-dire qu'il faudrait qu'il fût Dieu, car Dieu seul, étant par son essence la vérité même, peut se concevoir de cette manière. Mais aussi, cette certitude relative à notre nature étant supposée, l'homme parvient à acquérir la seule certitude rationnelle dont un être créé soit capable.

« La foi à l'autorité générale le conduit à la foi en Dieu, et, Dieu étant connu, l'homme connaît en même temps la raison de sa certitude, puisqu'alors il conçoit que la raison humaine est infaillible, non par elle-même, mais parce qu'elle est une participation à la raison infinie qui seule est essentiellement infaillible. »

Ces quelques lignes renferment toute la philosophie de Lamennais et contiendra plus tard toute sa théologie. C'est l'exagération du principe : *Quod ubique, quod semper, quod ab omnibus creditum verum necesse est.* On ne saurait supposer, en effet, que Dieu ait laissé tous les hommes de tous les temps et de tous les pays tomber dans l'erreur sur un point fondamental. Tous ceux qui se sont occupés de réfuter l'athéisme et de démontrer l'existence de Dieu n'ont jamais négligé la preuve tirée du consentement universel des peuples. Mais elles sont bien peu nombreuses les vérités qui furent toujours admises de tous et partout ; sans doute, elles sont d'une importance majeure, mais elles ne suffiraient pas à former un corps de doctrines complet.

Lamennais avait une telle confiance dans sa doctrine qu'il écrivait à l'abbé Bruté, le 22 février 1818, en parlant du 2ᵉ volume de l'Essai :

« Je développerai (dans ce 2ᵉ volume) un nouveau système de défense du christianisme contre tous les incrédules et hérétiques, système extrêmement simple d'où sortiront des preuves si rigoureuses, qu'à moins de renoncer à dire : *Je suis*, il faudra que l'on dise : *Credo* jusqu'au bout. » [1]

Illusion, sans doute, mais après tout noble illusion d'une intelligence d'élite et d'une âme alors sincèrement chrétienne.

La nouvelle philosophie de Lamennais, par cela

[1] De la Gournerie, p. 140.

même qu'elle était nouvelle, dérouta les tenants des systèmes anciens qui se voyaient troublés dans leur profonde quiétude. Ils s'insurgèrent tout d'abord contre cette doctrine du sens commun qui ne leur semblait pas du tout celle du bon sens. Mais son auteur la présentait sous des dehors tellement séduisants, que plusieurs se laissèrent fasciner, il y eut une réaction en sa faveur. Lamennais constate ce fait dans la lettre suivante à M. Querret, mais en exagérant peut-être sa portée :

« Saint-Brieuc, 28 novembre.

« Pourriez-vous, mon cher ami, faire parvenir de ma part un exemplaire de mon second volume au Père Antoine, abbé de la Meilleraye, près de Nantes ? Vous m'obligeriez beaucoup. Je désirerais aussi que vous voulussiez bien m'envoyer votre lettre relative à ce brave homme qui voit tout dans les étoiles. Je crains qu'il ne se fâche, si je tarde plus longtemps à lui répondre. Et, à propos de réponse, en avez vous reçu une de M. L. ? *Je crois que le public commence à revenir sur ma doc-*

trine. Les deux frères vous embrassent de tout leur cœur. »

Voici une lettre [1] où Lamennais, sollicité par M. Querret de trouver à un certain M. Ollivier une place de précepteur à Paris, se dérobe de nouveau pour les raisons qu'il donnait plus haut, dans une circonstance analogue et pour d'autres qu'il ajoute et qui lui paraissent non moins péremptoires. Décidément, Lamennais se refusait à rien demander pour les autres comme pour lui, le métier de diplomate ne lui allait guère et il savait qu'il faut toujours user d'un peu de diplomatie, quand il s'agit d'obtenir une faveur, si minime soit elle.

« St Brieuc [2], 1er décembre.

« J'ai été bien souffrant tous ces jours ci et

(1) Nous la donnons ici pour ne pas troubler l'ordre chronologique. Le lecteur voudra bien se rappeler que nous avons pris pour règle de transcrire ces documents, non d'après les matières qu'ils traitent, mais simplement d'après leurs dates. Nous ne contrevenons que très rarement à cette règle, comme on le reconnaîtra aisément, et nous ne le faisons que pour des motifs impérieux.

(2) Nous aurions pu observer plus tôt que les deux Lamennais écrivent toujours *St Brieux,* suivant l'orthographe du temps. Nous

forcé par la fièvre de garder le lit ; ainsi, mon cher ami, je me bornerai à vous répondre deux mots. Je désirerais être à même de rendre à M. Ollivier le service qu'il me demande, mais vous concevez bien que, loin de Paris et y ayant conservé peu de relations, cela m'est absolument impossible. Il arrive quelquefois qu'on entend parler de personnes qui cherchent un précepteur, mais il faut être dans le monde pour cela, et attendre quelquefois longtemps l'occasion de recommander celui à qui l'on s'intéresse. J'ai été souvent à lieu de remarquer combien les jeunes gens de la province s'abusent sur la facilité de trouver des places à Paris. Il y a vingt concurrents pour la plus médiocre. Adieu, mon cher ami, je vous embrasse de tout mon cœur. »

Féli était retourné à Paris où il put se rendre compte mieux qu'à St Brieuc de l'immense retentissement de sa doctrine.

rétablissons l'orthographe actuelle. De même, dans le corps des mots, ils écrivent souvent l'a comme un o ; nous n'avons pas cru devoir pousser l'exactitude de la transcription jusqu'à ces détails infimes : le scrupule doit avoir ses limites.

L'abbé Rohrbacher, alors vicaire à Lunéville, écrivit, le 8 février 1821, à l'auteur de l'Essai pour le féliciter de son beau travail et lui dire le succès qu'il obtenait au grand séminaire de Strasbourg. Le 3 mars suivant, Lamennais répondait à celui qu'il devait bientôt associer à ses travaux apologétiques :

« J'ai tardé longtemps à vous remercier, mon cher Monsieur, de la dernière lettre que vous m'avez fait l'honneur de m'écrire ; mais c'est qu'en vérité je n'ai pas un moment à moi. Je m'occupe d'écrire ma défense, et je désire savoir si j'y pourrai joindre le morceau précieux que vous m'avez presque promis. Il suffirait que je le reçusse dans cinq ou six semaines. Voyez s'il vous est possible de me rendre ce nouveau service. J'en serais très reconnaissant. La cause que nous défendons est importante. Nous attaquons l'erreur dans son premier principe ; il ne faut pas la laisser respirer un seul instant. Vous avez dû recevoir le livre de M. Bellugon. Ne vous embarrassez pas de celui de M. Gendon. On en fera justice ici. L'essentiel est de bien faire comprendre la doctrine qu'on repousse, et qui n'est que la doctrine du genre humain, la véritable philosophie du bon sens, du sens commun. Adieu, Monsieur, M. de St-Victor vous offre ses hommages pleins d'amitié. Je suis avec les sentiments les plus vifs, tout à vous en N. S. et sa Sainte Mère.

F. de Lamennais. »

M. de Sambucy, dont nous avons vu plus haut la lettre d'éloges adressée à l'auteur de l'Essai, tout en donnant son avis personnel, se trouvait être l'écho de Rome même d'où il écrivait. La doctrine renfermée dans les deux premiers volumes de l'Essai, les seuls parus jusque là, fut solennellement approuvée à Rome à trois reprises différentes : le 8 novembre 1821, par Pietro Glauda de la Congrégration de la Doctrine Chrétienne, Lecteur de la Sainte Théologie ; le 15 avril 1822, par don Paolo del Signore, chanoine régulier de Latran, professeur *public* d'Antiquités chrétiennes et d'Histoire ecclésiastique à l'Archigymnase romain ;

enfin le 29 avril 1822 par Frère Basilo Tomaggian,
archevêque de Durazzo.

Ces trois personnages avaient été officiellement
chargés par le Maître du Sacré Palais d'examiner
la doctrine de Lamennais telle qu'il l'avait expli-
quée dans sa Défense de l'Essai. [1]

Un prêtre zélé du diocèse de Langres, l'abbé
Barrois, voulant doter son pays d'établissements
analogues à ceux que l'abbé Jean de Lamennais
avait fondés en Bretagne, écrivait à Féli le 6 juillet
1822 :

[1] Approvazioni — 1 — Nel leggere per commissione del Reverendissimo P. Maestro del Sacro Palazzo Apostolico il Manoscritto,
che a per titolo : *Difesa del Saggio sull' indifferenza in materia di
Religione del Sig. ab. Francesco* (sic) *de la Mennais :* vi ho ravvisato,
che il ch. Autore con buon ordine, con molta erudizione, e con
profondità di raziocinio mette in chiaro il metodo tenuto nel *Saggio*
per combattere gl'Increduli, e fa vedere, che lungi dal recare alcun
pregiudizio alle prove della verita della Religione Cristiana, e dal
camminare sulle erranti pedate de, Filosofi, come si erano alcuni
immaginato, e anzi l'unico per giungere con sicurezza alla Verita.
Mi auguro, che questa letteraria fatica riuscira accettissima agli ama-
tori del vero ; onde giudico, che se ne possa permettere la Stampa,
non essendomi incontrato in cosa, che si oppunga alle sante regole
della Fede, e della Morale Cristiana.

Roma S. Maria in Monticelli questo di 8 novembre 1821.

Pietro Glauda della Congregazione della Dottrina Cristiana,
Lettore di S. Teologia.

— 2 — Ho letto per commissione del Reverendissimo Padre
Maestro del S. Palazzo Apostolico la traduzione Italiana dell Opera

« Monsieur, c'est avec bien du plaisir et un grand intérêt que j'ai lu dans les journaux l'annonce du cordon sanitaire formé par M. votre frère par le moyen des Petits Frères, pour préserver les campagnes de la contagion de la peste des mauvaises doctrines et de l'irréligion qu'on cherche à y faire pénétrer par tous les moyens ; il était réservé à vos talents et à vos lumières d'éclairer les gens du monde sur les suites terribles de l'indifférence en matière de religion et de leur ouvrir (sic) l'abîme inévitable dans lequel elle précipite... »

del ch. ab. Francesco de la Mennais, che ha per titolo : « *Difesa del Saggio sull' indifferenza in materia di Religione ;* e non solamente non vi ho trovato nulla di contrario alla Religione medesima, ed ai buoni costumi, ma ho veduto che il *sistema dell' autorita* stabilito dall' autore *e perfettamente coerente ai principj di Religione manifestati da Dio all' Uomo.* In quanto poi alla parte Filosofica, stando sempre a gli opportuni mezzi di giungere alla verita dichiarati dall' Autore stesso, pare che ragionevolmente altri non possa riprovarla.

Dalla Canonica di S. Pietro in Vincoli questo di 15 Aprile 1822.

Don Paolo Del Signore Canonico Reg. Lateranense, pubblico Professore di Antichita Cristiana, e di Storia Ecclesiastica nell' Archiginnasio Romano.

— 3 — Ho letto per commissione datami dal Reverendissimo P. Maestro del S. Palazzo Apostolico la bella traduzione dalla Francese nella nostra lingua Italiana della *Difesa del Saggio sull' indifferenza in materia di Religione* del Sig. ab. Francesco de La Mennais. In questa Difesa il dotto Autore prende a sviluppare, e mettere nel suo chiaro

L'abbé Barrois entre dans certains détails concernant l'établissement qu'il s'occupait de fonder à Langres, à l'instar de la congrégation enseignante, créée par M. Jean de Lamennais. Il dit en terminant :

lume il principio da lui stabilito nel secondo Tomo del suddetto Saggio ; « che nella ricerca della verita non dobbiamo mettere il principio di certezza nell' uomo individuale : ma bensi tener per vero cio, che tutti gli nomini credono invincibilmente. » *Tali, e lante sono le ragioni, con le quali rinforza il suo assunto, che a me sembra averlo ormai chiaramente dimostrato.* Piaccia a Dio, che dalla lettura di questa Operetta restino disingannati tutti coloro, che per non aver voluto sottomettere gli scarsi lumi della propria ragione alla infallibile autorita della Chiesa Cattolica, hanno miseramente perduta la vera Fede. Questo e lo scopo cui mira il dotto, e pio autore nella sua Difesa; quindi la giudico vantaggiosissima, e pero degna di essere pubblicata colle Stampe, quando cosi piaccia cui spetta ec.

Dal Collegio dei Penitenzieri di S. Pietro. 29 Aprile 1822.

Fra Basilo Tomaggian. Arciv. di. Durazo.

I

Imprimatur

Si videbitur R^{mo} Patr. Sacr. Pal. Apost. Mag.

J. Della Porta *Vicesgerens.*

II

Imprimatur

Fr. Philippus Anfossi, ord. Præd. S. P. A. Mag.

— L'importance capitale de ce triple document (peu connu d'ailleurs) n'échappera à personne. Jamais auteur, peut-être, ne fut si formellement approuvé, avant d'être condamné... si formellement. Puisqu'il accepta l'éloge, il eût dû se résigner au blâme.

« Je vous donne tous ces détails parce que je
suis bien persuadé de l'intérêt que vous prendrez
à notre congrégation, puisqu'elle n'a pour objet
que la conservation de la Religion et des mœurs
et que vous nous aiderez de vos conseils, si vous
ne pouvez pas le faire par vos connaissances et
votre crédit. Je crois même que, regardant notre
congrégation comme le complément du cordon
sanitaire qu'a établi M. votre frère, ce sera faire
pour lui une chose qui entrera bien dans ses vues,
et qui lui fera grand plaisir.

« Voilà une lettre bien longue, surtout pour
vous, Monsieur, dont les moments sont si précieux ; je vous en fais mes excuses ; mais, persuadé que vous aurez la bonté de nous être utile,
j'ai cru devoir donner les renseignements nécessaires pour vous mettre à même de justifier l'intérêt
que vous voudrez bien prendre à la congrégation... »

C'est ainsi que le nom de Félicité de Lamennais était dans toutes les bouches et que tous les
regards se tournaient vers lui.

CHAPITRE CINQUIÈME
1823-1826

TROISIÈME VOLUME DE L'ESSAI. — LAMENNAIS EXAGÉRATEUR
INCORRIGIBLE. — « NOUVEAU GENRE DE TRIOMPHE POUR LA
RELIGION. » — « LES PORTRAITS NE SONT RIEN. »
CONGÉ EN BONNE ET DUE FORME.
L'ABBÉ JEAN, VICAIRE GÉNÉRAL DE LA GRANDE AUMONERIE.
PREMIER VOYAGE DE LAMENNAIS A ROME.
HISTOIRE DE LA FAMEUSE DISPENSE DE BRÉVIAIRE.
LAMENNAIS PRÉFÈRE LE BRÉVIAIRE ROMAIN AU PARISIEN.
UN BIOGRAPHE UN PEU TROP FANTAISISTE.
CONDAMNATION DE LAMENNAIS A 36 FRANCS D'AMENDE.
PAROLES DE LAMENNAIS. — LETTRE DE L'ABBÉ JEAN A M. QUERRET...
« PRÉPAREZ-VOUS A ENTENDRE UN BEAU TAPAGE. »
LETTRE DE FÉLI.
« AVEC LA VÉRITÉ, ON NE CRAINT RIEN, ON SE RIT DU MONDE. »
UNE « FÊTE » D'UN NOUVEAU GENRE. — DÉCLARATION DES
QUATORZE ÉVÊQUES.

L'abbé Jean écrivait de Paris à M. Querret, à la date du 1er juin 1823 :

« ... L'impression du 3e volume de l'Essai est achevée, mais je ne sais pas encore quand l'ouvrage pourra paraître, car, auparavant, il faut que le méchant procès de Féli avec son premier libraire soit jugé. »

Lamennais se plaindra souvent d'être trompé par ses libraires. Sa correspondance avec M. Marion, publiée par M. de La Villerabel, renferme de nombreuses récriminations à ce sujet : le ton parfois tragique sur lequel il parle de la façon dont ceux-ci exploitèrent toujours sa simplicité et sa bonne foi ne laisse pas d'être assez amusant, et même instructif, car il jette un jour singulier sur le tempérament essentiellement nerveux et irascible du grand écrivain qui, sous l'impression de son extrême sensibilité, était toujours porté à l'exagération, donnant souvent à des incidents assez mesquins de colossales proportions. Parce qu'il rencontrera deux ou trois exploiteurs dont il sera la dupe, il s'écriera que « le monde appartient aux fripons [1] » et ne sera pas éloigné de s'imaginer qu'il est en butte aux persécutions du genre humain tout entier. Ce vice de tempérament, s'il nous est permis de parler ainsi, peut expliquer, dans une large mesure, les écarts à jamais déplorables de cette intelligence d'élite.

En 1823 furent publiés les 2 derniers volumes de l'Essai, le 3ᵉ et le 4ᵉ.

Lamennais écrivait à Rohrbacher, devenu supérieur des Missionnaires du diocèse de Nancy :

[1] « Le monde appartient aux fripons ; l'honnête homme n'a rien à y attendre qu'une fosse où il descend toujours trop tard, car il a bien à souffrir avant de s'y reposer. » Lettre à M. Marion, 7 jan. 1838. Villerabel, p. 148.

« Paris, 22 août 1823.

« J'ai un peu tardé à vous répondre, mon cher Monsieur, parce que je voulais avoir de M. de Haller que j'ai plusieurs fois cherché inutilement chez lui, les renseignements que vous désiriez. Il ne connaît point M. Pernelle, et n'en a jamais entendu parler. Ainsi l'on fera sagement de se tenir sur ses gardes avec ce personnage, qui pourrait bien n'être qu'un intrigant.

« Je vous remercie d'avoir bien voulu rendre compte de mes deux derniers volumes dans le *Drapeau blanc*. Personne, que je sache, ne les a encore attaqués jusqu'à présent. L'évêque d'Hermopolis [1] s'est même prononcé hautement pour. Ce suffrage en impose, *car les hommes, quoi qu'on dise, sont conduits en tout par l'autorité*. J'ai reçu aussi de la part des savants les plus distingués, des témoignages de satisfaction très vifs, sur la partie

---

(1) Mgr Frayssinous que nous avons déjà rencontré. Il était alors ministre de l'instruction publique et des cultes. Féli écrivait à l'abbé Bruté le 8 octobre de cette même année 1823 : « A la suite des Fourcroy et des Royer-Collard, l'évêque d'Hermopolis s'est chargé de nous faire une génération d'athées, qui déjà pullulent autour de nous, et ne tarderont pas à prendre possession de ce monde, au nom de l'enfer. » Edition Gournerie, p. 163.

de mon ouvrage qui les intéresse particulièrement. La lumière que répand déjà l'étude des traditions annonce un nouveau genre de triomphe à la Religion. Ce que l'Inde et la Chine fournissent en ce genre est immense. Nous touchons à une grande époque. L'erreur semble être de toutes parts refoulée vers l'enfer.

« N'oubliez pas le *Drapeau blanc ;* il faut combattre sans relâche. Je viens d'attaquer l'Université dans une lettre au Grand Maître. Il est impossible d'imaginer à quel point la corruption et l'impiété sont parvenues dans les collèges.

« Je me recommande instamment à vos prières, et suis, mon cher Monsieur, tout à vous en **N. S.**

F. de Lamennais. »

Voici une lettre de l'abbé Bruté, probablement adressée à l'abbé Jean. M. Houet la fait dater de 1824. On y retrouve ce style brusque, saccadé, mystique, dont le saint missionnaire semblait s'être fait une spécialité :

« Mon bon ami,

« Je reviens de chez M. Bouillon. Cette vue du portrait de Féli... je ne l'ai pas reconnu — supérieurement fait et traité de tout point et très ressemblant, m'avez-vous dit... j'ai pensé à nos seize ans de séparation — quel travail du temps — cette figure si prononcée était si enfantine, si chétive, si bonne — ici, c'est tout génie, je pense — j'ai éprouvé le plus singulier désappointement — deux fois venu sans le revoir — vous, si bien revu — partir et ce me semble, je ne sais pourquoi, pour dernière séparation — j'ai fait l'enfant et en revenant près du Luxembourg senti les larmes me venir.

« Pauvre vie ! — *Eternité* qui t'avances... J'ai passé aussi par la Sorbonne et vu le mausolée de Richelieu — j'en ai été très frappé.

« Pauvre vie ! et cependant si décisive et à si bien remplir, si soigneusement pour une *Eternité*.

« Allons, Féli, les portraits ne sont rien, l'âme ne se peint pas ainsi — tous trois à l'autel, oublions le reste. *Altaria hæc requies mea* [1].

Bruté.

(1) Cf. Psal. CXXXI, 14.

« Je vois aux petites choses leur prix. Teysseyre au *Ciel*. »

A cette époque, Lamennais se voyait discuté,
chose qu'il ne supporta jamais de gaîté de cœur ;
son premier mouvement lorsqu'on le contrariait
était de regimber ; c'était souvent aussi son dernier. Parfois il n'hésitait pas à rompre brusquement et sans retour les plus anciennes relations.

Le 25 mars 1824, Féli, cédant à l'un de ces
mouvements de colère et d'indignation qui lui
étaient si familiers lorsqu'il rencontrait ainsi des
contradictions d'un côté où il ne s'y attendait pas,
ou revêtues d'une forme qui lui déplaisait souve-
rainement, écrivait le billet suivant à l'abbé Hay,
le vieil ami de sa famille et l'associé de son frère
dans ses premiers établissements religieux :

« M. l'abbé, vos principes de religion, de
conscience et d'honneur diffèrent si essentiellement des miens, que mon devoir est de vous

déclarer qu'il ne peut plus désormais y avoir rien de commun entre nous.

F. de Lamennais. »

M. Hay écrivit au bas de ce billet qu'il conserva toujours : « Méprisé et laissé sans réponse. »

Méprisé ; le mot est de trop ; nul ne songeait à mépriser Lamennais à cette époque, les Gallicans, moins que les autres et il est plus que probable que le digne abbé Hay était l'un d'eux. M. Teysseyre écrivait un jour à Jean, c'était vers 1815 : « Notre cher Féli me ferait presque aimer le Misanthrope. » En réalité, ce nouvel Alceste fut souvent d'une franchise encore plus brutale que celui de Molière. La fille de l'un de ses amis d'enfance nous montrait, il y a quelques mois à peine, le billet que son père reçut un jour de Lamennais après s'être occupé, sous la Restauration, d'une élection dans un sens opposé au sien. C'est un *congé* définitif, en bonne et due forme qu'il donne à cette amitié des premiers jours.

Jean avait dû quitter sa chère Bretagne et venir s'installer, lui aussi, à Paris où le grand aumônier de France, lors du rétablissement de cette dignité, l’avait appelé en qualité de vicaire général[1]. Sans doute il s’estimait heureux de se retrouver près de Féli, mais il n’oubliait point les petites écoles de Bretagne qu’il s’occupait alors à fonder et il était impatient de retrouver sa liberté, pour retourner dans sa province bien-aimée. En 1824, un changement survint dans sa position : son ami Querret se réjouissait à la pensée de le revoir bientôt tout en le plaignant d’être *tombé* de sa haute situation. Jean lui écrivait le 10 avril la lettre suivante que nous transcrivons d’autant plus volontiers qu’elle nous apprend ce que devenait Féli :

« Grande aumônerie de France.

Paris, le 10 avril 1824.

Mon excellent ami,

Consolez-vous ; les choses n’en sont point où vous le croyez : si cela était, je serais trop heu-

[1] Nov. 1822. Le grand aumônier était le prince de **Croy**, archevêque de **Rouen**.

reux, car je n'ai pas d'autre désir et d'autre ambi-
tion que de m'en retourner au plus vite en Bretagne, et de redevenir *petit Jean*, comme devant : mais
le grand aumônier m'ayant donné le titre de grand
vicaire de Rouen, il en résulte que je suis vicaire
général de Mgr l'archevêque de Rouen, grand aumônier de France, au lieu de l'être de M. le grand aumônier de France, archevêque de Rouen. Quoi
qu'il en soit, et quoiqu'il n'y ait rien de changé
dans ma position réelle, je suis très fort de l'avis de
ceux qui pensent que je serais beaucoup mieux
placé en Bretagne qu'ici, et j'espère que la Providence favorisera ma retraite définitive ; je hâterais
moi-même cette rupture, si je n'étais depuis longtemps décidé à la laisser toujours agir seule en ce
qui me concerne. Je reste donc endormi sur son sein
comme un petit enfant, et quand viendra le moment
du réveil, je dirai du fond du cœur à ma bonne
mère : *ecce venio ut faciam voluntatem tuam* [1]. En attendant, je suis à merveille : jamais le grand aumônier n'avait été meilleur et plus aimable pour moi.

(1) *Tunc dixi : Ecce venio... ut facerem voluntatem tuam.* Psal.
XXXIX, 8, 9.

« J’ai déterminé Féli à faire le voyage de Suisse,
parce qu’il s’est présenté une occasion unique pour
cela : il est arrivé à Genève bien portant, mais un
peu fatigué de la route : je suis persuadé qu’à son
retour, il se portera infiniment mieux. »

M. Querret était alors retiré à Pleurtuit, dans
sa propriété de la Motte.

Féli, une fois arrivé à Genève, se décida à pénétrer en Italie, jusqu’à Rome. Jean, de nouveau,
mandait à son ami, au sujet de ce voyage :

« Paris, 21 juin 1824.

« ... Féli m’a écrit de Gênes le 8 juin : le
voyage lui a fait infiniment de bien ; en partant
de Genève, il a publié la *Défense de la vénérable
compagnie des pasteurs contre les Momiers :* c’est une
petite brochure très piquante : elle fait du bruit :
nous l’insérerons dans le prochain numéro du
Mémorial. »

Comme on le voit, Lamennais, même lorsqu’il
voyageait sous prétexte de se reposer un peu de
ses fatigues intellectuelles, repos certes légitime et

nécessaire même, ne laissait pas de composer en courant quelques écrits, toujours pour la défense de la vérité. Il mettait le premier en pratique le mot d'ordre qu'il donnait aux autres : « Il faut combattre sans relâche. »

Un mois plus tard, nouvelle lettre de Jean à M. Querret :

« Paris, le 26 juillet 1824.
« ... Féli est arrivé à Rome le 27 juin : il loge au Collège romain, c'est-à-dire chez les Jésuites, où le pape [1] lui a fait préparer une chambre. »

Le bon abbé Jean, qui, de même que son frère, regarda toujours les honneurs de ce monde comme un faix insupportable, ajoute avec allégresse : « Et moi, dans trois semaines, je me promènerai sur les grands chemins de Bretagne [2] ».

S'il faut en croire Ange Blaize, neveu de Lamen-

(1) Léon XII. Il aimait beaucoup Lamennais.
(2) Il devait s'y promener longtemps et souvent, pour le plus grand bien de la jeunesse bretonne.

nais [1], Léon XII accorda bénévolement à celui-ci, lors de son voyage à Rome, et à son refus du chapeau de cardinal [2], une dispense de bréviaire, vu ses nombreux travaux. D'après Rio [3], ce fut Lamartine qui obtint de Léon XII cette dispense pour Lamennais et à son insu. Rio suppose que Lamennais usait de la dispense et il part de là pour déplorer l'aberration de ce grand homme qui ne voyait pas que s'isoler de la prière c'est s'isoler de la grâce et courir au devant de sa perte en se privant des forces nécessaires pour surmonter les obstacles. Depuis lors, plusieurs autres bonnes âmes, voulant démontrer la nécessité de la prière, n'ont pas manqué de citer Lamennais et sa fameuse dispense de bréviaire, sans se douter que le blâme infligé au prêtre qui aurait usé de celle-ci remonte jusqu'au pape qui l'aurait accordée. L'un de mes confrères, M. Pivert, me communique, à ce sujet, une note que je m'empresse d'insérer ici :

(1) Essai biographique, p. 161.
(2) Cf. sur ce dernier point Forgues, 1er vol., p. XL.
(3) Epilogue à l'Art Chrétien, tom. 2, p. 179, note.

— 28 septembre 1886. Nous avons lu, ce soir, dans le *Manrèze* du Prêtre, ouvrage du P. Caussette, le récit d'une conversation d'après laquelle M. de Lamennais, retiré à la Chênaie avec ses disciples, aurait obtenu du pape Léon XII une dispense de bréviaire dont il usait. M. de Lamennais, pour obtenir cette faveur, aurait allégué ses nombreuses occupations.

Immédiatement après la lecture, j'ai demandé à M. Houet ce qu'il fallait penser de cette histoire. Voici sa réponse :

« Le P. Caussette se trompe. M. de Lamennais n'a jamais demandé une telle dispense. Il est vrai que M. de Lamartine s'était adressé à Rome, à l'insu de M. de Lamennais, et avait obtenu pour celui-ci une dispense de bréviaire, apportant pour motif le mauvais état des yeux de M. de Lamennais. Au sujet de cette dispense, M. de Lamennais dit un jour en ma présence : *Cette dispense est nulle, puisque j'ai la vue bonne.* Il n'a jamais demandé de dispense, je le répète, et il n'a point

cessé, durant tout ce temps, de réciter son
Office. » (1)

M. Houet a continué ainsi : « D'ailleurs, à cette
époque du moins, on avait pour principe à Rome
de ne point accorder de dispenses semblables. On
disait : Si un prêtre est dans l'impossibilité de
réciter son bréviaire, il en est par là même dis-
pensé ; dès lors il n'a que faire de notre permission. Et quand on insinuait que cette façon d'agir
pouvait donner lieu à des doutes, à des inquiétudes, Rome ajoutait : Que celui qui se croit
incapable, pour un motif ou pour un autre, de
dire son Office s'adresse à son directeur : ce dernier décidera. M. de Lamennais, a répété en ter-

(1) Cette dispense datait de 1819 et non de 1824, époque du premier voyage de Lamennais à Rome. M. A. Blaize avait sans doute
oublié la lettre, publiée par lui, où son oncle Féli disait à Jean : « La
Chénaie, 25 août 1819. ... Genoude m'a envoyé une dispense de
bréviaire que M. de Lamartine a obtenue pour moi à Rome. ... Je ne
sais pas si je pourrai user de cette dispense, car l'exposé porte que
je suis affligé d'une fièvre lente et continue, et d'une faiblesse de
vue qui ne me permet de lire qu'avec peine.Ce dernier point n'est pas
exact ; ma vue cependant est très affaiblie... ; mais est-ce le motif de
la dispense ? Dis-moi quel est ton avis. La dispense ne peut d'ailleurs m'être appliquée *qu'en confession.* » Tome I, p. 390.
Observons que la vue de Lamennais se fortifia plus tard, comme
le prouvent les paroles citées par M. Houet.

minant M. Houet, récita toujours son bréviaire. Nous nous servions alors du bréviaire parisien, mais il lui préférait le romain, *à cause des leçons de St Grégoire VII.* —

Je trouve dans les papiers mêmes de M. Houet une note sur ce sujet. M. Houet s'était occupé à redresser les erreurs nombreuses d'un ouvrage qui avait la prétention d'être une biographie de Lamennais et qui était moins une histoire qu'un roman historique, les personnages dont il parlait ayant réellement vécu, mais n'ayant pas toujours fait ce que leur imputait son très fantaisiste auteur [1].

Celui-ci, à la page 172 [2], disait en parlant de Lamennais : *Il s'était fait dispenser de réciter le Bréviaire... Cette dispense était-elle un mensonge ? Je ne sais pas, mais un prêtre assez cuirassé contre le remords, etc...* « Cette dispense, observe M. Houet, n'est pas un mensonge. Elle fut demandée à l'insu de l'abbé de Lamennais. L'indult qui l'accordait autorisait le confesseur à dispenser,

(1) L'auteur, toutefois, dans une édition subséquente, corrigea un certain nombre de ces erreurs, sur les indications de M. Houet.

(2) Nous copions M. Houet.

dans le cas où la mauvaise santé du pénitent lui
paraîtrait le demander. En supposant la vérité du
motif allégué et la réalité de la dispense, où trouver
la raison d'un remords ? Mais le motif allégué par
le solliciteur (Lamartine, je crois) — sa vue affaiblie par le travail — n'était pas suffisamment vrai,
M. de Lamennais refusa d'en user. »

Lamennais (continue l'auteur) *eut tort de renoncer à ses exercices pieux.* « Je doute fort qu'il
y ait renoncé avant sa rupture avec l'Eglise. [1] »

Voilà une légende de moins, nous nous plaisons
à l'espérer ; d'ailleurs, il en reste encore assez de
ce genre... pour ce qu'elles valent !

L'abbé Bruté écrivait aux deux frères le 14 septembre 1825, du Mont Ste Marie, près Emmits-
burgh, une longue lettre d'où nous détachons
les lignes suivantes :

[1] Il continua même d'aller à la Messe, plusieurs années après
avoir cessé de la dire, et pratiqua l'abstinence les jours prescrits par
l'Eglise, pendant ce temps-là. Mlle de Lucinière, je crois, qui raconte
le fait y voyait un motif d'espérer son retour.

« Bon ami (sic), chers frères, les deux en un,

« Vous ne voulez plus m'écrire — trois lettres sans réponse — je ne veux pas pour cela me priver de cette faible ressource des absents — plus faible encore et plus précaire à si grande distance, et tous trois trop occupés pour en profiter souvent — plus sages, peut-être, que moi, vous y avez renoncé — ce n'est plus de St Malo à Rennes, mais d'un hémisphère à l'autre. Inutile aussi de revenir sur cet étrange désappointement de 1815 et 1824, passer deux fois les mers et manquer son inestimable ami [1] — ou sur cette *félicité* passée de quelques moments si heureux avec l'autre [2], etc..... Il faut honorer la science et les talents, oh ! Dieu me garde de blasphémer ses dons, mais voici du bon père Yvan, fondateur des filles de la Miséricorde, deux petits mots qui vous plairont mieux, mon Féli, mon bon Jean, que de parler science et talents ! » (Suit la citation.)

L'abbé Bruté parle ensuite de plusieurs auteurs

(1) Féli.
(2) Jean.

qui précédemment avaient écrit contre l'indifférence en matière de religion, afin, sans doute, de prouver à Féli que le mot comme la chose n'était pas neuf, ce dont Lamennais vraisemblablement ne doutait guère. Il cite entre autres un certain Amyraut, ministre calviniste, qui composa sous Louis XIII tout un gros volume où il dépeignait les ravages de ce mal de l'indifférence.

Cependant Lamennais était de retour de Rome, l'esprit rempli des choses qu'il avait vues et décidé plus que jamais à poursuivre, sans relâche, ses études apologétiques. L'amitié dont Léon XII l'honorait était pour lui le plus puissant encouragement. [1]

Son frère, rendu enfin à la liberté, écrivait de la Chênaie, le 1er décembre 1825, à son ami Querret, alors professeur de Mathématiques spéciales à la Faculté des sciences de Montpellier :

« Féli travaille : il en dira de belles ! comptez-y. »

----

[1] Il écrivait de Rome à Jean le 16 juillet 1824 : « Le Saint Père, que j'ai vu deux fois et qui m'a comblé de bontés, veut me revoir encore, pour causer, m'a-t-il dit, plus à loisir. » Blaize. II. 18.

Féli en dit de belles, en effet, mais qui ne furent pas du goût de tout le monde. Aussi, en 1826, se vit-il condamné à 36 francs d'amende pour avoir parlé peu respectueusement de certaines lois qu'il jugeait oppressives de la liberté de l'Eglise et, par suite, contraires à l'Evangile. (1) J'ai sous les yeux le brouillon de la petite allocution qu'il se proposait d'adresser à ses juges, il est plein de ratures et de surcharges, le voici :

« MM. Il y a d'étranges contrastes dans nos mœurs ! Un prêtre monte à l'autel ; il en descend pour s'asseoir sur cette sellette destinée aux plus vils malfaiteurs ; et il ne peut ni rougir, ni regretter d'y être assis ; car quel crime l'y amène, MM. ? Qu'a-t-il fait ? Que lui reproche-t-on ? Il a professé, il a défendu publiquement sa foi, la foi de l'Eglise catholique, apostolique, romaine, attaquée de toutes parts ; de sorte que si la crainte de

---

(1) Il s'agit du livre intitulé : *De la Religion considérée dans ses rapports avec l'ordre politique et civil.* Voir une longue note de Blaize. II. p. 35, où il raconte comment, en réalité, les choses se passèrent. Consulter également la lettre de Lamennais à Mme de Senfft. Forgues, Correspondance de Lamennais. I. 174.

l'accusation qui pèse sur lui l'avait arrêté, il eût trahi son devoir de prêtre ; de sorte que, s'il n'était pas maintenant sur cette sellette, sa conscience le repousserait de l'autel.

« Je ne viens donc point, MM., désavouer ni expliquer aucune des paroles que j'ai dites. Vous rendre juges de questions de doctrine, ce serait, comme prêtre et comme catholique, vous reconnaître un droit inconciliable avec ma religion. Cette religion, qui est aussi la vôtre, qui est celle de presque tous les Français, m'obligeait de professer les principes que j'ai soutenus, et dès lors, elle m'oblige encore à protester devant vous, que je ne m'en départirai jamais, que je les professerai, que je les défendrai jusqu'à mon dernier soupir. On prétend qu'ils sont opposés aux lois de l'Etat. Je ne puis le croire, ni je ne dois pas le croire ; car la loi de l'Etat déclare que la Religion catholique, apostolique, romaine, est la religion de l'Etat. Votre jugement m'apprendra si ce n'est là qu'une vaine déclaration. Quant à moi, mon devoir est fixé, il est ce que Dieu l'a fait, et je ne saurais le changer. Que si vous me condamniez pour l'avoir rempli, je m'en affligerais sans doute à cause des graves conséquences qui en résulteraient et que la France sentirait ; mais je ne pourrais, MM., que me réjouir personnellement, à l'exemple des premiers Chrétiens, d'avoir été jugé digne de souffrir pour le nom de Jésus [1] ; et ici j'emprunterai, comme l'expression la plus complète de mes sentiments, les propres mots de l'Apôtre : « *Nihil vereor, nec facio animam meam pretiosiorem quàm me, dummodo consumem cursum meum et ministerium verbi quod accepi a Domino Jesu.* [2]

« Voilà, MM., toute ma défense ; mais ce n'est pas toute ma cause, et il y a d'autres considérations qui doivent vous être présentées dans l'intérêt général de la France et de la société. Ici la question change, et je me tais, car ce n'est plus à moi qu'il appartient de parler. »

Et il passait la parole à son avocat, M⁰ Berryer.

On lit dans la notice publiée par Robinet, p. 48,

(1) Act. V, 41.
(2) Id. XX. 24.

que Lamennais dit à ses juges dans cette circonstance : « Vous saurez ce que c'est qu'un prêtre. » (3)

Sans doute toutes ces paroles sont bien belles,
mais comme un prochain avenir les rendra lamentables, hélas ! par le cruel démenti que leur donnera celui-là même qui les aura prononcées !

Dès le mois de février de cette même année
1826, l'abbé Jean écrivait à M. Querret :

« A la Chênaie, le 9 février 1826.

« Cher ami,

« M. Gouyon de Beaufort nous a dit, il y a
peu de jours, que vous reviendriez peut-être en
Bretagne, en passant par Paris, sur la fin de mars ;
or, Féli veut que vous sachiez qu'il est parti avant
hier pour cette capitale, afin de ne pas manquer
de vous y voir, s'il y est encore quand vous y
serez vous même.

(1) M. Houet croit que ce mot non cité par Blaize fut dit en 1824,
lors du procès du Drapeau Blanc. M. Dupin le lui ayant rappelé
ironiquement dans l'affaire du Constitutionnel et du Courrier (1825
et non 1826, d'après M. Houet), Lamennais le répéta de nouveau
fièrement et l'expliqua devant ceux *qui n'avaient pas encore su le
comprendre.*

« Il va publier la seconde partie de son ouvrage sur *la Religion considérée dans ses rapports avec l'ordre politique et civil* : préparez vos oreilles à entendre un beau tapage. Si, de cette fois-ci, il ne va pas en prison, il faut désespérer d'y aller jamais.

« Lisez avec attention, je vous prie, dans le numéro du Mémorial qui paraîtra ce mois-ci, un article extrait du Globe : rien n'est plus frappant, et ne constate mieux la Révolution opérée dans les esprits et dans les doctrines par un seul homme, doué d'un grand talent et d'un grand caractère. »

Nous avons vu que, *cette fois,* Lamennais en fut quitte pour une amende. Il ne sera pas toujours aussi heureux.

Le 6 mai suivant, Féli écrivait, à son tour, à M. Querret, à l'issue de son procès :

« Paris, 6 mai 1826.

« Vous avez eu tort, mon cher ami, de vous inquiéter pour moi : c'est toujours, quoi qu'il arrive, une belle position que celle des défenseurs de la vérité. Avec elle on ne craint rien et on se rit du monde ; car le monde passera, mais la vérité ne passera point. Je continuerai donc de la publier, de la soutenir hautement, ainsi que je l'ai déclaré devant les juges. J'attends, pour commencer mon travail, que le livre de l'Evêque de Chartres ait paru. Il me reste d'importantes considérations à développer, et bien que les esprits ne soient pas encore généralement préparés à les saisir, le temps viendra, j'espère, où elles porteront leur fruit. Mais auparavant il faudra que l'Eglise, dont la destinée est de croître sous le glaive et de s'affermir par les souffrances, subisse de nouvelles épreuves, et que les sociétés humaines aient elles-mêmes senti les fatales conséquences des erreurs qui les séduisent et des systèmes qui les perdent. Jusque-là rien ne changera dans le monde, ou plutôt le monde continuera de s'enfoncer dans le désordre, d'où doit bientôt sortir un terrible châtiment. Jamais, à aucune époque, les passions ne furent plus violentes, ni les gouvernements plus aveugles. Ils craignent tout, excepté leurs irréconciliables ennemis. C'est pour les flatter qu'on a défendu l'introduction en France du Journal Ecclésiastique de Rome, dont il venait à peine six ou sept exemplaires. En Suisse, en Prusse, en Angleterre, on le reçoit librement ; mais, dans le royaume très chrétien, il faut faire acte de séparation d'avec le St Siège. Vous avez vu l'étrange déclaration des 14 évêques [1], on a demandé l'adhésion des autres, et l'on trompe le public par des signatures qu'avec un peu de bonne foi on aurait dû faire précéder des lettres au pied desquelles elles se trouvent, et qui, pour la plupart, expriment des sentiments bien différents de ceux manifestés par les 14 évêques. J'ai lu quelques unes de ces lettres qu'on cache à la France, et je les signerais sans difficulté. Voilà l'état des choses. Dieu conduit tout ; ainsi ne nous effrayons pas ; soyons fermes et tranquilles ; on ne peut rien contre Celui qui ne redoute rien. Adieu, mon bon et cher ami ; on m'avait dit que vous deviez venir prochainement à Paris [2] et je m'en réjouissais

(1) Cf. Correspondance. Forgues I. 177.
(2) Cf. la lettre précédente.

14

car j'y passerai encore quelques mois. Mon frère
y est aussi depuis dix jours ; il veut vous écrire à
son tour, et je lui cède la plume. »

(Jean continue :)

« J'étais venu pour assister à la *fête* [1] de Féli ;
mais tout était fini quand je suis arrivé : je serai
plus heureux une autre fois. Dans l'état d'irritation
et d'égarement où sont les esprits, il est impossible
qu'il n'y ait pas d'autres procès du genre de celui-ci,
car vous sentez bien qu'on ne gardera pas un lâche
silence... J'emploie de mon mieux le peu d'espace
que Féli m'a laissé, mais il est si petit, si petit [2],
qu'à peine suffit-il pour que je puisse vous renouveler l'assurance du tendre attachement avec lequel
je suis pour la vie.

« *Totus tuus in X^{to}*,

Jean. »

Je transcris ici le brouillon d'une lettre (sans

---

(1) C'est-à-dire au procès.

(2) Le bon Jean a raison de se plaindre, son frère ne lui ayant
concédé que le bas de la dernière page.

date) de Féli à l'évêque de Troyes qui lui avait envoyé l'un de ses ouvrages :

« Mgr, Je m'empresse de m'acquitter d'un devoir bien doux en vous disant combien je suis touché de votre souvenir. J'étais déjà, et depuis longtemps, lié à votre gloire par l'admiration, vous m'y liez encore par la reconnaissance. Veuillez agréer la vive expression de l'une et de l'autre, ainsi que l'assurance, etc. »

Le 27 mai 1826, M. de Senfft [1] écrivait à l'abbé Jean :

« Turin, 27 mai 1826.

« Avec quelle joie, mon cher et respectable ami, nous avons revu votre écriture ! et que le contenu de votre lettre nous a fait plaisir, à côté de la peine, hélas ! que trop prévue depuis ces dernières circonstances, du retard de notre réunion avec notre cher Féli ! Vous savoir auprès de lui est une vraie consolation, une douceur pour

(1) C'était l'un des correspondants et des amis les plus fidèles de Lamennais.

nous. Ce que vous nous dites de la fermeté de
quelques évêques [1] nous a causé beaucoup de
joie. Nous nous y attendions de la part de notre
ami de Lesquen. Nous sommes ravis de l'Archevêque de Bordeaux ; et nous admirons la grâce
d'en haut qui a fait retrouver sa force et sa foi à
ce pauvre vieillard de Versailles. Je voudrais
connaître les termes dans lesquels l'Evêque de
Luçon a répondu. Car je ne m'en rapporte pas au
Moniteur qui nomme aussi parmi les adhérents
l'Archevêque d'Avignon furieux de voir son nom
ainsi placé. L'Administrateur de Lyon nous a écrit
à ce sujet une lettre parfaite. M. de Mazenod,
neveu de l'Evêque de Marseille, que nous avons
ici, est tout à vous et espère que son oncle n'aura
point faibli. Nos Jésuites sont indignés de la révé-
lation de 1761. Cet acte honteux du Provincial
d'alors est l'une des fautes, disent-ils, qui ont attiré
sur la compagnie le châtiment qu'elle éprouve. Il
paraît que, dès les années d'avant, une espèce de
schisme s'était introduit parmi quelques uns des

[1] A propos de la Déclaration dont il est question plus haut.

plus lettrés d'entre eux [1] en France, qui, séduits par l'esprit d'orgueil, songeaient à se séparer de la dépendance du général. Le P. Goduiox qui a appris à Avignon l'existence de cette malheureuse pièce, s'est écrié qu'il souffrirait plutôt la mort que de la signer ou de l'avouer.

« Cette lettre est en même temps pour mon cher Féli, auquel j'écrirai incessamment par une occasion sûre et auquel j'adresse celle-ci, afin qu'il l'ouvre si vous étiez absent. Je suis bien aise du repos dont il jouit à Versailles. Dieu le soutiendra dans son travail et fera le reste.

« Nous avons été de Gênes à Parme... Priez pour nous, mes chers amis, pour que nous portions toujours la croix, sinon avec joie, ce qui n'est donné qu'aux Saints, mais du moins avec soumission et comme dit si admirablement Féli : « Ne demandons rien à la terre qui n'accorde rien qu'à ceux qui cèdent quelque chose du Ciel.» [2] J'ai

---

(1) Comme toujours, je respecte le style des documents que je transcris.

(2) Cf. Forgues. I. 178.

mis Mgr Lambr... [1] au courant du contenu de vos lettres.

« Tout à vous en N. S.

« Madame de S.   vous dit à tous les deux mille tendresses. La première ligne de son écriture sera pour Féli ; aussitôt qu'elle pourra soutenir sa tête. Elle se flatte que ce sera demain. »

[1] Probablement Mgr Lambruschini, que Lamennais, s'il faut en croire son biographe Robinet (p. 46), fit nommer plus tard à la non-ciature de France et qui, devenu cardinal, à son retour à Rome, se montra « son ennemi le plus acharné. »

CHAPITRE SIXIÈME

1827-1829

LETTRE DE FÉLI A ROHRBACHER : — « SOYEZ TRANQUILLE, TOUT
MARCHERA. » — MAISON DE HAUTES ÉTUDES ECCLÉSIASTIQUES.
UN SOUVENIR DE QUARANTE ANS.
LAMENNAIS RECRUTE DE TOUTES PARTS DE FUTURS DÉFENSEURS DE
L'ÉGLISE. — L'ABBÉ BLANC.
LA CHÊNAIE « PARADIS TERRESTRE : » ON Y VA POUR S'Y
RETREMPER L'AME. — UNE DOUBLE AURÉOLE.
TRADUCTION DE L'IMITATION. — LETTRE DE M. HOUET A M. AUBER.
UNE FAUTE NOBLEMENT RÉPARÉE.
COMMUNAUTÉ DE MALESTROIT : SON FONCTIONNEMENT.
MAUVAISE FOI GALLICANE.
ON EXAGÈRE LES EXAGÉRATIONS DE LAMENNAIS.
« QUAND EST-CE QUE NOUS NOUS ÉLÈVERONS AU-DESSUS DE CETTE
TERRE ? » — « UN MALAVISÉ QUI S'EXPOSE A LA DENT DES
OURS ET DES TIGRES SANS MISSION. »
UNE CONVERSION OPÉRÉE PAR LA LECTURE DE L'ESSAI.
LAMENNAIS « INSTRUMENT OBLIGÉ DE LA PROVIDENCE. »
UN NOUVEAU « REDRESSEUR DE TORTS. »

Féli écrivait de la·Chênaie le 6 juin 1827 à l'abbé Rohrbacher, alors à Paris :

« Le 6 juin.

« Je vous remercie beaucoup, mon cher ami, de votre lettre du 31 mai. Si vous pouvez m'écrire plus souvent, sans vous gêner, vous me ferez grand plaisir : car je suis quelquefois jusqu'à trois semaines sans recevoir de nouvelles de personne. En envoyant vos lettres à M. J. M. Martin, rue de Bourbon, nº 2, elles me parviendront franc de port.

« J'attends mon frère dans quelques jours. Il a le même désir que vous. Soyez donc tranquille, tout marchera. Je pense aussi qu'en toutes choses il n'y a que l'action. Jusqu'ici, je ne pense pas qu'à raison des circonstances, il y ait eu du temps perdu ; mais il faut redoubler de zèle pour le service de Dieu et de son Eglise si persécutée.

« Je vous prie de présenter mes amitiés respectueuses et tendres à Mgr l'évêque de Nancy. Il me semble que la Providence bénit avec grande bonté les défenseurs de la cause catholique. Leurs travaux produisent leur fruit. Courage donc et persévérance. *Qui perseveraverit usque in finem, hic salvus erit* [1]. Je suis charmé que le N(once) ait désiré connaître les rédacteurs du Mémorial catholique. C'est le bon Dieu, qui, dans sa miséricorde, a envoyé en France ce saint Prélat [2]. Il y fera un bien immense ; tâchons d'y concourir pour notre petite part.

« Vous n'aviez pas d'autre parti à prendre que de renvoyer ce malheureux homme de Leipsick [3]. Il est incroyable combien on recommande légère-

---

(1) Math. X. 22 ; XXIV, 13.
(2) Il s'agit très vraisemblablement de M. Lambruschini.
(3) Cf., p. 167.

ment. C'est un avertissement de se tenir en garde.

« Adieu ; j'embrasse le cher Gaudin ; priez pour moi. Je suis tout à vous en N. S.

F. M. » .

Le projet dont il est question dans cette lettre était probablement celui d'établir une école de hautes études ecclésiastiques. Bientôt, en effet, Lamennais s'entourera, à la Chênaie, de jeunes gens désireux de se consacrer, comme lui, à la défense des intérêts religieux et sociaux. Il fondera, avec son frère, une succursale à Malestroit, dont l'abbé Blanc prendra la direction, aidé de l'abbé Rohrbacher.

La lettre suivante de Jean à M. Rohrbacher est plus explicite que celle de Féli à cet égard :

« A la Chesnaie, le 11 juin 1827.

« Mon bien cher ami,

« Féli m'a communiqué votre dernière lettre, et j'y ai lu avec bien du plaisir le paragraphe dans lequel vous exprimez le désir de mettre promptement la main à l'œuvre ; l'abbé de S.... [1] vous aura dit ce que je lui marquais à cet égard, il y a environ quinze jours ; nous sommes donc parfaitement d'accord, et il ne s'agit plus que de fixer les dates : arrangez-vous pour venir nous rejoindre à Ploërmel [2] le 11 d'avril : nous aurons une semaine à nous voir et à causer, et, dans la semaine suivante, vous nous aiderez à faire la retraite de nos cent soixante frères : la nôtre commencera à Rennes le 9 de septembre. Je souhaite vivement que Gaudin vous accompagne, si, comme je le suppose, son parti est pris définitivement. En passant par Rennes, vous descendrez chez nous, rue de Fougères, n° 4 [3] ; il s'y trouvera quelqu'un pour vous recevoir, et pour vous accompagner jusqu'à Ploërmel, où j'arriverai moi-même le premier.

« J'ai la douce confiance que le bon Dieu dai-

(1) de Salinis, probablement.

(2) Où Jean avait fixé le noviciat de sa Congrégation des Frères de l'Instruction Chrétienne.

(3) C'est là que se trouvait la Maison des Missionnaires dits de la Congrégation de St Pierre, fondée en 1828 par le zèle infatigable des deux frères et dont Féli fut, quelque temps, supérieur général : ce sont aujourd'hui les Prêtres de l'Immaculée-Conception.

gnera bénir ce que nous entreprenons pour sa gloire : je vous dirai de vive voix ce qu'il a déjà fait pour nous, et ce sera pour vous, je pense, comme pour moi, un nouveau motif de nous consacrer sans réserve à son service.

« Adieu, mon excellent ami, à bientôt : je vous embrasse du cœur le plus tendre.

« *Totus tuus in X^{to}* et B. V.

Jean. »

Le 19 novembre de la même année (1827) l'abbé Gerbet, qui allait être, s'il ne l'était déjà, l'un des disciples et des collaborateurs les plus zélés de Lamennais, écrivait à M. Querret, rentré en Bretagne avec le titre et les fonctions de professeur de mathématiques au collège royal de Rennes, la lettre suivante datée de ce même n° 5 de la rue de l'Est à Paris où les deux frères adressaient les précédentes à l'abbé Rohrbacher :

« Paris, 19 novembre 1827.

« Monsieur,

« La lettre que vous m'avez fait l'honneur de

m'écrire de Nantes et qui était adressée à la Chênaie, m'a été renvoyée à Paris où quelques affaires m'ont rappelé récemment. En regrettant de ne pas vous avoir revu à la Chênaie, avant votre retour à Nantes, j'étais bien persuadé que des obstacles insurmontables avaient empêché cette visite, bien précieuse à notre excellent ami [1] et, permettez-moi de le dire, à moi aussi. J'ai été peiné, en particulier, en apprenant, par votre lettre, qu'un de ces obstacles avait été une perte douloureuse, qui venait d'affliger votre famille.

« J'ai laissé notre vénérable ami en bonne santé : il a repris ses travaux. Continuons à prier le bon Dieu pour lui. Nous étions déjà, Monsieur, amis en lui : les sentiments que vous m'exprimez et ceux que je vous ai voués, ajoutent à cette union. Veuillez croire que j'attache le plus grand prix à votre souvenir et à votre amitié, et agréer le respectueux attachement avec lequel j'ai l'honneur d'être,

[1] M. de Lamennais.

Monsieur,

« Votre très humble et très obéissant serviteur,
L'abbé Gerbet,
Rue de l'Est, n° 5, près l'Observatoire. »

Nous trouvons, dans les papiers de M. Houet, une note sur cette époque de l'existence des deux Lamennais : elle nous a paru trop touchante pour être omise. M. Houet la rédigea en 1867. On l'avait chargé d'écrire la biographie de l'aîné des frères, qu'il avait connu plus intimement encore que Féli et avec lequel, jusqu'à la fin, il était demeuré en communion d'idées et de foi. Il avait d'abord accepté, toutefois après de longues hésitations : des circonstances imprévues le dégagèrent de sa parole et son projet de biographie n'eut pas de suite. On ne saurait trop le regretter, nul mieux que lui ne pouvait raconter tant d'évènements dont il avait été le témoin et auxquels même il avait parfois été mêlé personnellement. Voici la note en question :

« Il y a quarante ans, c'était à Vitré, en 1827,

j'achevais mes études au petit séminaire de cette
ville. Un jour, un ecclésiastique petit et maigre,
au teint basané, à l'œil vif, le front large et haut,
déjà sillonné de plis profonds, parut au réfectoire.
Sa présence inaccoutumée excita l'attention des
maîtres et des élèves, des maîtres surtout dont la
plupart paraissaient aussi surpris qu'honorés d'une
telle visite. Ce prêtre était le frère du célèbre
auteur de l'Indifférence, alors à l'apogée de sa
gloire. Homme d'action, il avait récemment fondé
une société de prêtres pour les besoins du dio-
cièse [1]. Il vit, en particulier, le principal professeur de l'Etablissement et, à quelques mois de là,
ce professeur et deux de ses élèves entraient dans
la congrégation de M. de Lamennais. J'étais l'un
de ces élèves [2]. Depuis cette époque, des évènements bien divers se sont passés, bien des rapports
ont été rompus ou intervertis ; mes relations avec
le bon Père ont toujours subsisté et c'est à ces

(1) C'était la Congrégation de St Pierre (c'est le nom qu'elle
porta d'abord) dont nous avons parlé plus haut. Ainsi qu'on le voit
Jean eut la principale part dans cette fondation.

(2) Nous croyons savoir que l'autre était M. Oléron mort, il y a
quelques années (27 Juin 1880) en Angleterre.

relations de confiance et d'affection que je dois
l'honneur d'avoir été choisi pour écrire sa vie.
Cet honneur j'ai vainement cherché à le décli-
ner comme un fardeau disproportionné à mes
forces. »

Désormais la vie de M. Houet (il avait alors 20
ans) sera liée pendant plusieurs années à celle des
Lamennais dont il devenait ainsi l'un des premiers
disciples. Jean ne l'appellera plus que son *cher
enfant* et jusqu'à la fin il conservera la paternelle
habitude de le tutoyer. De son côté, M. Houet
admirera toujours le génie de Féli ; après la chute
de ce dernier, il n'oubliera point, non plus que ses
condisciples, qu'il lui doit l'amour passionné de la
vérité et cette soif de dévouement à l'Eglise qui
anima si puissamment et si longtemps celui qu'il
nommera toujours son maître et qu'il ne cessera
point d'aimer, tout en déplorant amèrement ses
lamentables écarts. Mais la tendresse qu'il éprouvera
pour l'abbé Jean sera plus intime encore et plus
particulièrement filiale ; il sera le confident de ses
peines et sur son lit de mort ce saint homme l'ap-

pellera à son chevet pour consoler ses derniers ins-
tants et lui fermer les yeux.

Cependant, lorsque l'on sut que l'abbé de Lamennais réunissait autour de lui des jeunes gens,
désireux de se vouer à la défense de l'Eglise, pour
les former aux études apologétiques, des demandes
d'admission lui arrivèrent un peu 'de tous côtés.
Les premiers rendus à la Chênaie lui signalaient
d'autres jeunes gens pleins d'ardeur, eux aussi, qui
aspiraient à combattre, sous ses ordres, le bon
combat. C'était un élan merveilleux.

L'abbé Blanc qui composa plus tard une esti-
mable histoire de l'Eglise, à l'instar de son compatriote, l'abbé Rohrbacher, écrivait à l'abbé
Gerbet alors à la Chênaie :

« Besançon, 30 août 1828.

« Mon bien cher ami,

« J'ai reçu seulement avant hier votre lettre du
14, qui a passé par Moudon, et qui est pleine
d'amitié et d'un souvenir très honorable. Je suis
on ne peut plus sensible à la belle proposition que

vous me faites, et certes, rien n'entrerait plus dans mes goûts et dans les inclinations de mon cœur. Mais je ne dois pas tenir en suspens ces MM. du Séminaire et sans parler du défaut absolu de sujets propres à monter de suite dans la chaire de théologie, surtout pour le traité de la Religion, je ne puis me résoudre à dire : « Non » *simpliciter* à une communauté qui veut me retenir malgré l'état douteux de ma santé. Placé entre ces deux *délectations* qui ne sont pas ici de l'invention de Jansénius, voici la détermination à laquelle je crois devoir m'arrêter pour le moment. J'essaierai encore ma santé, l'année prochaine, au séminaire et l'épreuve sera bonne. Le beau traité de la Religion où il faut, plus qu'en tout autre, sortir des routes scolastiques suivies jusqu'ici donnera beaucoup d'exercice à mes poumons. Je m'efforcerai, il est vrai, d'être en mesure pour en dicter au moins la quintessence ; mais malgré ma réserve, mes précautions, il est si important et si abondant, si entraînant, etc., qu'il faudra bien s'oublier. Le semestre d'hiver me fera connaître le résultat de cette épreuve, lequel me paraît très douteux ; et si

ma santé alors laisse encore des craintes je serai à
votre disposition. Ce qui pourrait peut-être empêcher une telle issue du semestre, c'est le bien
même que les vacances feront à ma santé. J'espère
passer certains jours avec tant de satisfaction et de
délices, que ce sera comme un baume miraculeux
capable de ranimer toute mon existence. — Mais
où passerez-vous donc ces jours de bonheur ? me
demanderez-vous ? — Eh, mon cher ami, pouvez-
vous ne pas le deviner du premier coup !... C'est
avec vous, c'est dans la société de M. de Lamennais. Oui, Docteur, c'est à la Chênaie, et où
serait-ce ailleurs sur la terre, dès lors qu'il n'est
pas question simplement d'affection de famille.
Oui, encore une fois, je vais vous embrasser, et
c'est de vive voix que nous devons prendre tous
nos arrangements. Ce qu'il y a de beau encore dans
ce voyage, c'est que je ne vais pas seul. M. Gous-
set [1] qui brûle aussi de vous embrasser a été de
suite d'avis de le faire avec moi. L'abbé Doney [2]
est absent en ce moment, et lorsqu'il reviendra de

(1) Le même qui fut depuis archevêque de Reims et cardinal.
(2) Mort évêque de Montauban.

la campagne pour partir pour Paris il sera sans doute content de trouver deux compagnons sur lesquels il ne comptait pas. Nous espérons qu'il nous suivra à la Chênaie. Voilà donc une partie complète, et nous jouissons d'avance de toutes les satisfactions et avantages que nous vaudra notre pélerinage. Nous irons déposer nos hommages aux pieds de M. de Lamennais et donner à nos âmes une trempe qui nous rende invulnérables dans les combats où nous serons bientôt appelés. D'après nos calculs, nous espérons arriver du 20 au 26 septembre. En attendant, veuillez bien être l'interprète de nos sentiments respectueux auprès de M. de Lamennais, et pour moi en particulier qui ne saurais assez lui témoigner ma reconnaissance pour la bienveillance qu'il veut bien me continuer. Pour vous, mon cher ami et Docteur, je vous embrasse comme toujours, c'est-à-dire du fond de mon cœur.

Blanc. »

M. Blanc, dans son admiration enthousiaste de Lamennais, était le fidèle écho de la jeunesse catholique d'alors. Cette *trempe* qu'il allait demander à Lamennais pour rendre son âme *invulnérable*, il la reçut, comme tous les disciples de ce grand homme, et en général, comme tous ceux qui l'approchèrent : Lamennais seul, hélas ! quitta cette arène glorieuse du Christ où il avait si longtemps invité les autres à descendre et où il leur avait appris à dompter, sinon à apprivoiser, les fauves échappés des antres du voltairianisme et de la franc-maçonnerie. A l'époque où nous sommes rendus, on se portait à la Chênaie comme vers un lieu de pélerinage, suivant le mot de M. Blanc ; M. Lamennais semblait aux yeux de tous ajouter à l'auréole du génie celle de la sainteté.

Le 11 décembre, l'abbé Blanc, décidé à exécuter le projet qu'il avait tant à cœur, écrivait de nouveau, à l'abbé Gerbet, de Vesoul : « J'ai fait une partie de mes préparatifs et de mes adieux. — Dieu nous a rendu tous les esprits favorables... nous voici en route. Je dis *nous*, car je vous conduis M. Bornet[1] dont nous vous avons parlé à la Chênaie

---

(1) M. Bornet devint plus tard vicaire-général de Mgr Gerbet, lorsque celui-ci fut promu à l'évéché de Perpignan. Il fut toujours l'ami intime de M. Houet à qui, en mourant, il légua sa bibliothèque et de précieux papiers.

et qui, dans l'ignorance de ce qui se faisait, avait demandé d'aller chez les Jésuites... Nous arriverons à Rennes chez MM. les missionnaires où nous apprendrons le lieu où nous devons nous fixer. »

(Ces MM. arrivèrent, en effet, pour Noël [1]).

M. Lamennais écrivait la lettre suivante à l'abbé Rohrbacher, au mois de septembre précédent, quelques semaines avant l'époque fixée par l'abbé Blanc pour une première visite à la Chênaie. M. Rohrbacher était alors à Malestroit, succursale de la Chênaie, comme nous l'avons déjà dit.

« Le 1er septembre.

« Je pense comme vous, mon cher ami, que ce serait un fort bon exercice pour nos jeunes gens, que de travailler au nouveau Dictionnaire théologique ; outre que cela laissera plus de loisir à M. Blanc. Je lui en parlerai pendant son séjour ici. Toutefois, il ne faut pas compter que ni Jour-

(1) Note de M. Houet.

dain, ni aucun autre que je connaisse, soit encore en état d'écrire : il s'en faut même de beaucoup ; mais peu à peu ils pourront se former : *fabricando fit faber*.

« Genth(on ?) ne pense nullement à nous quitter, et comme vous je le regretterais.

« Je vous souhaite grâce et courage pour achever votre livre sur la subordination des deux puissances. Ce sera un travail fort utile, et qui manque entièrement. M. Affre [1] paraît empressé de le voir, et vous lui devez cette satisfaction.

« Je me recommande à vos prières et suis tout à vous bien tendrement,

F. M. »

En 1828, Lamennais fit paraître chez Belin, Mandar et Devaux une traduction de l'Imitation avec des Réflexions. Or, en 1885, un vénérable ecclésiastique, l'abbé Auber, écrivait, dans la Revue littéraire de l'Univers (Février), que la traduction

[1] Le futur archevêque-martyr de Paris. Il était fort attaché aux idées gallicanes ; par suite, Lamennais trouva en lui un contradicteur opiniâtre.

de l'Imitation, connue sous le nom de Lamennais, n'était point de lui, mais de M. de Genoude, et que,des 115 Réflexions que renferme cette publication, 17 seulement étaient de Lamennais. Pour établir cette dernière assertion, il se fondait sur ce fait que se trouvant un jour avec Lamennais lui-même dans le salon de Madame de Roussy, cette dame pria le grand écrivain de lui indiquer, sur l'exemplaire de l'Imitation qu'elle lui présenta, les Réflexions qui étaient de lui. Lamennais emprunta le crayon de M. Auber (celui-ci note soigneusement ce détail pour démontrer la précision de ses souvenirs) et marqua 17 de ces Réflexions comme étant les seules qu'il eût écrites. L'abbé Genthon, doutant de l'exactitude de ce récit, fit promettre à M. Houet des éclaircissements sur ce point. Voici le brouillon de la lettre que M. Houet écrivit ou du moins qu'il se proposa d'écrire à l'abbé Auber lui-même et non à l'abbé Genthon, M. Auber ayant probabalement manifesté le désir de connaître directement son opinion. Nous croyons que le lecteur partagera ce désir ; c'est le motif qui nous détermine à citer cette lettre :

« Monsieur et très vénéré confrère,

« Veuillez pardonner à une vieille habitude de paresse, malheureusement fortifiée de l'excuse d'une mauvaise santé, le retard de ces observations, promises depuis si longtemps à l'abbé Genthon. J'aurais voulu leur donner une forme qui vous les rendît plus acceptables. Mais j'ai la confiance, qu'aimant la vérité pour elle-même, comme le prouve votre correspondance avec mon vieil ami [1], vous la reconnaîtrez même dans ses haillons disgrâcieux.

« J'ai sous les yeux votre lettre à l'Univers, insérée dans la Revue littéraire du mois de février 1885.

« Dans votre édition de Gonnelieu [2], vous affirmez qu'il n'y a pas d'Imitation de La Mennais ; que la version qui a cours sous ce titre, depuis 1820, est l'œuvre de Genoude, qui, n'osant s'en proclamer l'auteur, l'aurait produite sous le nom plus célèbre de Lamennais. Cette supercherie non démasquée (ajoutez-vous), fit la fortune du livre

(1) L'abbé Genthon.
(2) 1878.

et l'erreur universelle devint une sorte de vérité dont on ne douta plus.

« Vous ajoutez encore que, non seulement la traduction du texte n'est point de Lamennais, mais que la Préface elle-même est de Genoude qui l'a signée cette fois, mais par inadvertance, et qu'enfin des 115 Réflexions qui distinguent cette Imitation pseudonyme, 17 seulement appartiennent à Lamennais.

« Eh bien, vénéré confrère, toutes ces assertions sont autant d'erreurs, à commencer par la dernière, qui se présente la première à votre esprit.

« Prié par Mme de Roussy de vouloir bien noter sur son exemplaire les réflexions qui étaient de lui, M. de Lamennais n'en marqua que 17 : donc, concluez-vous, il n'en écrivit jamais que 17. Certes, voilà un *donc* et un *jamais* bien aventurés. On était en 1828 ; et Lamennais, qui n'est mort, hélas ! qu'en 1854, n'a cessé tant qu'il a vécu de réimprimer son Imitation, texte et accessoires, et, chose curieuse, l'année même où vous constatiez qu'il n'avait écrit que 17 réflexions, il en portait le nombre à 115 et un avertissement, répété désormais à chaque nouvelle édition, signalait au lecteur cette importante amélioration [1] qui vous est restée inconnue jusqu'à ce jour, c'est-à-dire 57 ans !

« Voilà pour les Réflexions. Quant à la Préface que vous croyez de Genoude et qui la signe, dites-vous, *par inadvertance*, elle n'est pas moins certainement de Lamennais, et signalée comme telle, dès 1820. « Elle porte le cachet de ce grand écrivain », dit l'Ami de la Religion (tome 24). Il aurait pu ajouter : *elle porte aussi sa signature* (voir l'Imitation de Genoude, page xvi) et non point celle de Genoude qui ne signe que la traduction, mais qui la signe *sans crainte*, de son nom encore plébéien : « Traduction nouvelle par E. Genoude. Paris, 1820. » [2]

(1) Voir l'Avertissement des éditions, où, après avoir dit qu'on n'avait rien changé au texte, Lamennais ajoute : « Il n'en est pas ainsi des réflexions... La plupart de celles qu'on lit dans les éditions précédentes n'étaient pas de l'auteur de la traduction et l'on avait eu soin d'en avertir, page x de la Préface. On les a retranchées dans celle-ci et M. de Lamennais y en a substitué de nouvelles, ce qui donne plus d'unité à son travail. » (L'Imitation de J.-C. traduction nouvelle par l'abbé de Lamennais. Paris, Belin, Mandar et Devaux, 1828). — Note de M. Houet.

(2) « En 1824, nous apprend encore M. Houet, parut la traduction de Lamennais lui-même, avec la Préface et les Réflexions qui

Observons, pour clore cette petite controverse et comme mot de la fin, qu'une pareille méprise était très flatteuse... pour M. de Genoude, mais bien peu pour le goût littéraire de celui qui la commit et de ceux qui la partagèrent. On serait tenté de croire qu'ils ne lurent jamais une page de Genoude, ni une ligne de Lamennais.

Pour les ennemis de Lamennais, nous le savons déjà, toutes les armes étaient bonnes, ou du moins leur paraissaient telles, car il arrivait parfois que les traits lancés contre leur adversaire se retournaient contre eux, témoin la lettre suivante qui nous enseigne de plus qu'il n'est jamais *trop tard* pour réformer un jugement porté *trop tôt*. Mgr Rey, évêque de Pignerol, ayant, dans une lettre privée, condamné Lamennais, sans l'avoir entendu, ou plutôt sans l'avoir lu, son correspondant, l'abbé Arnaud, vicaire général de Gap, s'autorisant de sa vieille amitié pour le prélat et de sa haine non moins invétérée pour l'ultramontanisme, publia

lui appartiennent. Cette traduction marcha, tout d'abord, de pair avec celle de Genoude et ne la dépassa qu'en 1828. »

cette lettre, sans l'aveu de son auteur. Il s'attira la réplique suivante :

« Pignerol, 17 mai 1829.

« Je ne saurais vous dire, mon cher M. Arnaud, combien j'ai été surpris et affligé en apprenant aujourd'hui l'usage que vous avez fait d'un passage de la réponse que j'eus l'honneur de vous adresser le 24 mars passé. Je m'exprimai d'une manière très sévère sur le dernier ouvrage de M. l'abbé de Lamennais : je ne connaissais cet ouvrage que par les articles de deux ou trois journaux qui le condamnaient *à outrance*. Ce fut dans ce moment que je répondis à votre lettre sur M. Bouvier, et j'en pris occasion de vous exprimer ma douleur sur la défection prétendue de l'auteur de cet ouvrage ; *je me hâtai ensuite de me procurer l'ouvrage même* [1] et je vous assure, Monsieur, que je fus profondément humilié du premier jugement que j'en avais porté en vous écrivant dans l'intimité de la confiance, et dans cet abandon que l'amitié autorise, mais dont l'amitié qui la

[1] Il nous semble que le digne prélat eût pu commencer par là.

reçoit ne doit pas abuser. Qui aurait jamais pu penser que, dans un mandement imprimé, la phrase de ma lettre serait imprimée aussi pour servir d'appui dans la lutte qui s'est élevée contre l'ouvrage en question ? C'est à vous seul que j'écrivais ; c'est dans le sanctuaire de la confiance ; et le moins que je devais attendre de vous, était que vous auriez compté pour quelque chose l'agrément de celui qui vous écrivait, avant que de livrer à l'impression ces réflexions trop précipitées que j'avais faites, dans ma lettre, sur l'ouvrage de M. de Lamennais. J'avais oublié l'*Audi partes et iudica* ; mais aussi mon jugement n'était encore alors qu'un épanchement de chagrin dans le sein de l'amitié. Maintenant que j'ai lu l'ouvrage lui-même, et non pas ses critiques, je vous avoue que je suis tout confus de mon premier jugement, et que je le rétracte avec autant de franchise que j'avais mis de précipitation à le porter.

« Pour vous montrer mieux mes sentiments, je vous adresse par ce courrier une copie de mon mandement sur l'élection de Pie VIII. Vous y verrez que j'y diffère assez peu des principes généraux exprimés dans l'ouvrage, et que je crois incontestables, malgré les quatre articles de 1682, que jamais ma conscience ne me permettrait d'adopter, même avec l'explication favorable que l'on tâche de leur donner. En fait de doctrine, je suis romain *ore et corde rotundo* [1] et jamais je ne me croirais en sûreté avec des doctrines particulières, sur des matières que personne n'a le droit de décider sans, et à plus forte raison, contre le sentiment du chef commun.

« Je n'admets point, il est vrai, toutes les conséquences énoncées dans l'ouvrage ; je n'admets point l'application à la politique *de la liberté des enfants de Dieu* ; je pense autrement sur l'Institut des Jésuites : mais après cela je n'admettrai jamais de bornes à l'autorité des clefs, tandis que je lirai, et que j'entendrai de la bouche de Celui qui les a confiées à St Pierre, *quodcumque ligaveris,* etc. [2] Il ne m'appartient pas, et je doute qu'il appartienne à qui que ce soit, de limiter ce que la souveraine vérité, et la souveraine puissance n'ont pas

(1) Allusion à un vers d'Horace. Art poét., 323.
(2) Matt. XVI, 19.

limité : je suis très tranquille sur les conséquences de ce pouvoir illimité ; celui qui l'a donné saura bien le diriger, et Pierre n'aura pas probablement été excepté de la promesse, *ecce ego vobiscum sum* [1].

« Voilà mon explication, et même, si vous le voulez, ma *rétractation* [2] du premier jugement qu'exprimait ma lettre du 24 mars sur M. de Lamennais. Celle-ci vous est abandonnée en toute propriété, et pour le coup, je ne me plaindrai pas que vous l'ayez laissé imprimer. Je dois même vous dire avec toute ingénuité que je la communique à Turin à la personne infiniment respectable qui m'a fait connaître l'usage que vous avez fait de la première.

« Toute cette petite discussion, mon ancien et respectable maître, est sans préjudice de ma vieille reconnaissance, et de la persévérance des tendres et respectueux sentiments que je vous ai voués, et dont je vous prie d'agréer la nouvelle assurance.

Pierre-Joseph, évêque de Pignerol. »

(1) Matt. XXVIII, 20.

(2) Souligné dans le texte.

Un homme qui reconnaît si franchement ses torts, fût-il très élevé dans la hiérarchie sociale, grandit davantage encore dans l'estime publique : une faute ainsi avouée est plus que pardonnée, elle est réparée. Mais, pour agir de la sorte, il faut avoir une noblesse de sentiments, une grandeur d'âme qui fut rare en tous temps : les esprits médiocres, de beaucoup les plus nombreux, estiment que le meilleur moyen de réparer une erreur c'est de s'y obstiner.

La petite Communauté, établie à Malestroit, venait de compléter son installation : professeurs et élèves rivalisaient de zèle et d'entrain : l'âme ardente du Maître semblait animer chacun d'eux et le pousser en avant avec une fougue irrésistible. Nul n'était comparable à Lamennais pour allumer le feu sacré dans ces jeunes intelligences sur qui il exerçait une influence, un attrait auquel personne ne songeait à se soustraire. Il leur fallut, pour les détacher de ce génie dominateur et plein de fascination, sa chute brusque, profonde, irrémédiable.

M. Blanc écrivait de Malestroit, le 18 février 1829, à M. Lamennais, alors à la Chênaie, qui venait de publier un nouveau travail [1] :

« Monsieur l'abbé,

« Je viens de lire, dans la Quotidienne du 12, la mise en vente de votre ouvrage et je ne dois pas remettre davantage de vous écrire ; car qui sait ce qui *nous* menace ? Je dis *nous* pour une raison toute simple : celui qui voudrait nous blesser au cœur ne devrait pas tirer sur Malestroit, mais bien sur la Chênaie. Au reste, nous sommes fermes dans l'attente de l'avenir, et dans la confiance en Celui qui est Maître des Rois et de ceux qui les égarent.

« En recevant l'annonce de la mise en vente, nous aurions dû recevoir l'ouvrage lui-même. Mais M. Waille, qui nous aime tant, paraît toutefois si préoccupé qu'il semble nous oublier, car nous ne recevons que quelques numéros *sales* de la

---

(1) Il avait pour titre : *Des Progrès de la Révolution et de la guerre contre l'Eglise.* — La noble lettre de l'Evêque de Pignerol que nous venons de lire concerne cet ouvrage qui valut à son auteur, de la part des tenants de la Déclaration de 1682, tant de haines et des haines si féroces.

Quotidienne et du Globe, retardés de 5 ou 6 jours, etc. Mais cet ordre de choses va cesser : M. Rohrbacher écrit en conséquence à M. Waille, en lui envoyant un article sur la Philosophie du P. Ventura, pour le Mémorial.

« Je viens à notre communauté. La voilà en mesure et tout notre règlement en plein exercice, depuis plus de quinze jours. Tout le monde paraît fort content de l'ordre de choses qui règne ici, et M. Rohrbacher, entre autres, ne trouve pas de lieu sur la terre où l'on puisse être mieux. Malgré la privation d'une partie de nos livres qui se trouvent encore à St Méen, les conférences sur la théologie et le grec tous les jours, et celles sur l'Ecriture sainte et l'Histoire ecclésiastique, le Dimanche, vont bien. Pour la morale, nous avons suivi l'avis de M. l'abbé Jean et tous les jeudis matin, à 10 h. 3/4, il y a une conférence sur le traité des actes humains dont les frais sont faits par ceux qui s'attendent plus prochainement à recevoir les ordres sacrés.

« Ils présentent l'analyse des matières prévues et nous y faisons les remarques nécessaires.

« Malgré l'émulation qui règne ici pour l'étude, les santés se soutiennent, à quelques petites interruptions près. Il faut excepter celle de M. Oléron dont la toux sèche a augmenté encore à Malestroit, et me donne des inquiétudes sur sa poitrine, que je me garde bien de lui communiquer. Le voilà au régime et au repos. M. Bornet a eu l'œil gauche malade, pendant une dizaine de jours, ce qui n'a interrompu ni son travail, ni l'extrême contentement qu'il goûte ici.

« Votre grande bonté me faisant un devoir de vous parler de moi-même, j'aimerai vous dire d'abord que ma poitrine paraît s'accommoder du climat et de notre régime, quoique, jusques à ce moment, les rapports multipliés que les besoins d'une maison où tout commence réclament, l'aient fatiguée. Mais les choses se mettent au courant, et je puis espérer un repos suffisant.

« J'ai déjà lu la moitié du premier volume du Dictionnaire de Bergier, avec des remarques préparatoires au travail que je commencerai aussitôt après cette lecture. Je n'étais pas encore entré dans cette idée d'un dictionnaire, mais si j'en avais le

plan et les pensées qui me viennent [1], je me per-
suade que c'est le moyen de faire un ensemble
complet de toutes les connaissances ecclésiastiques
avec l'unité de la doctrine d'autorité, et d'établir
l'ordre naturel des idées. Mais j'aurai l'honneur
de vous en entretenir plus tard.

« Je n'ai plus que la place nécessaire pour vous
présenter l'hommage du dévouement le plus entier
et le plus respectueux de MM. Rohrbacher, Bornet, de toute notre jeune communauté et en particulier de

« Votre très humble serviteur,

Blanc, prêtre. »

M. Blanc dirigeait la communauté naissante, on
le voit, avec l'aide toutefois de son compatriote et
ami Rohrbacher.

La lettre suivante de l'abbé Blanc à l'abbé Gerbet nous donne de nouveaux renseignements sur
la maison de Malestroit, et nous fait savoir
combien l'on s'occupait activement de son amé-

______

[1] Je copie textuellement.

lioration, en y appelant les jeunes gens de talent, portés par leurs aptitudes et leurs goûts à l'étude des sciences ecclésiastiques, ou en laissant partir ceux qui, après y être entrés, montraient de l'indécision et de la lassitude.

L'abbé Blanc, supérieur de Malestroit, était chargé, parait-il, de correspondre spécialement avec l'abbé Gerbet.

Jean et surtout Féli continuaient d'avoir la haute direction de cet établissement fondé par eux.

« Malestroit, 8 février 1830.

« Mon cher ami,

« Il est temps de vous écrire cette lettre que je remets de jour en jour. Je n'ai pas laissé toutefois d'agir en conséquence de celles que j'ai reçues de La Chênaie et c'était l'essentiel, ou du moins le plus pressant. Voici maintenant où j'en suis avec mes correspondants pour vous parler d'abord de mes relations extérieures.

« Il y a trois semaines que j'ai répondu à une

bonne lettre que M. Gaume [1] m'avait écrite depuis son retour à Nevers, et que j'ai montrée dans le temps à notre Père, (l'abbé) J(ean). J'ai tâché de parler à M. Gaume de la manière qui m'a paru la plus propre à le *préparer*. Je dis *préparer*, car MM. Gaume, ainsi que je l'observai déjà, l'année dernière, y regardent à plus d'une fois, avant de s'avancer. Cependant, je dois ajouter que je fus enchanté, aux dernières vacances, de trouver des pensées aussi fermes, et un caractère aussi prononcé dans celui de Nevers, que je connaissais très peu par moi-même. Malgré ces heureuses dispositions, une lettre de La Chênaie le déciderait-elle pour les prochaines vacances ? J'hésite à le croire. Elle donnerait sans doute une grande impulsion, mais cela ne nous dispenserait pas de le voir là et de lui parler. Encore serions-nous fort heureux si nous étions quittes pour cette démarche, car M. Gaume nous est presque néces-

---

(1) Sans doute l'abbé Gaume, auteur de plusieurs ouvrages qui ont joui, dans le temps, d'une certaine vogue. Il défendit toujours avec zèle les idées ultramontaines. Je note ce détail pour indiquer le milieu dans lequel Lamennais et les siens aimaient à faire leurs recrues.

saire. Voici, au reste, comment ce voyage pourrait se faire. Ou vous y passeriez vous-même, pour aller plus loin, s'il y a lieu ; et ce serait le mieux, à part le petit éclat que cela pourrait faire sur les lieux : ou, si on le juge à propos, j'y passerais moi-même en allant en Franche-Comté. Le plus tôt serait le meilleur, relativement à M. Gaume qui aurait besoin de prendre ses mesures de loin. Mais notre Père doit vous parler de l'époque de mon voyage, et vous déciderez tout cela. Moi-même, aussitôt que j'aurai reçu la réponse de M. Gaume, je vous en ferai part incessamment.

« M. Doney [1] a répondu *sur le champ* une lettre très amère à celle que je lui ai écrite sous vos yeux ; et qui ne vous parut point mal. La petite lettre *de Paris* insérée dans le Mémorial lui pèse fort sur le cœur. Je ne sais si vous avez pris assez de précautions pour qu'il en ignore éternellement l'auteur, mais je le souhaite vivement pour le bien de la chose. J'ai montré à notre Père cette fâcheuse lettre, avec ma réponse où j'ai mis autant

(1) Nous avons déjà rencontré ce nom qui est celui d'un futur évêque.

de fermeté que de ménagement. Le trouble que
cela paraît jeter dans l'esprit de l'abbé Doney à
notre égard, pourrait nuire à notre affaire avec
M. Gaume. Car M. Gaume consultera son frère,
et l'un et l'autre consulteront probablement M.
Doney. Remarquez que je ne fais qu'une conjec-
ture, que je regarde dans le vague, ne cessant pas
de croire à l'amitié de l'abbé Doney. Il me tarde
de savoir s'il répondra et ce qu'il répondra.

« Pour M. Leriche [1] je n'en ai pas reçu de
nouvelles, je lui ai écrit, il y a peu de jours, et je
crois qu'il ne sera pas très difficile à décider, suivant les dispositions qu'il nous a manifestées ici.
Je vous ferai part de sa réponse, et je ne doute
guère qu'une lettre de M. Féli ne nous l'amène à
travers tous les obstacles. Mais vous savez, sans
doute, que M. James, de Gap, nous arrivera encore
avant lui, puisqu'il doit être en chemin et même
près d'arriver, si j'en crois une lettre de M. Lesbios
qui me l'annonce comme tout sur le point de
partir.

« Un mot de l'intérieur. M. Thomas est venu,

(1) Nous le retrouverons plus loin.

il y a huit jours, chercher son *bagage* ; puis, arrivé
à Ploërmel, il s'est repenti, m'a écrit, en conséquence, pour rentrer à Malestroit. Je l'ai renvoyé
à notre Père [1] qui fait la mission de Mordelles :
il y est allé et depuis, je n'en ai pas eu de nouvelles, ce qui me fait croire que décidément il
n'est plus des nôtres. — M. Coquereau est parti
avec Mme sa mère, pour aller se rétablir à Laval,
car depuis le cinq janvier il a été malade.

« Vous savez avec quel respect et quel amour
nous embrassons M. Féli. Nous vous embrassons
vous-même et tous ces MM. de tout notre cœur,
in X^to et M(ariâ).

Blanc, prêtre.

(P. S.) Il y avait un article fait sur la philosophie de Luques ; mais il ne valait pas la peine de
faire le voyage de la Chênaie. On va en préparer
un meilleur. — M. R(ohrbacher) vous en enverra
deux petits, la semaine prochaine : il écrira aussi,
au sujet d'un projet qu'il médite, savoir, de donner une suite d'articles sur des histoires ecclésias-

(1) Toujours l'abbé Jean.

tiques, universelles, allemandes et protestantes qui paraissent ou qui ont paru avec bruit et qu'il importe de redresser [1]. Nous n'avons pas encore reçu les journaux allemands dont vous nous aviez parlé, à l'occasion de la Revue Catholique. »

Voici une seconde lettre de l'abbé Blanc à Lamennais, sur le même sujet, qui nous semble également digne d'être reproduite. On y verra qu'il ne suffisait pas, pour entrer dans ce petit cénacle, d'avoir des talents, d'être studieux, appliqué, il était besoin aussi d'une étincelle au moins de ce feu sacré qui embrasait l'âme du Maître : *il fallait de l'élan,* c'était le mot.

    « Malestroit, 18 mars 1830.

 « Notre très cher et bien aimé Père,

 « Je profite du retour de M. Eugène [2] pour vous donner quelque nouvelle de notre petite communauté. L'ordination prochaine nous occupe

(1) De ce projet devait sortir cette volumineuse *Histoire de l'Église,* aujourd'hui encore entre toutes les mains.

(2) Sans doute, Eugène Boré.

en ce moment. Nos ordinands, au nombre de douze pour Malestroit vont s'y préparer dans la prière et le recueillement d'une retraite de trois jours qui commencera ce soir. M. Houet seul recevra le sous-diaconat avec de Hercé. Ceux qui ne seront pas du voyage de Rennes seront MM. Jourdain, déjà minoré, Davenel, toujours malade, et Mesnier, à cause de l'incertitude où nous sommes encore à son égard. M. Gobil a la fièvre depuis quelques jours et peut-être qu'il ne sera pas en état de faire le voyage. M. Ruelle se propose de prendre part à la retraite, et toute sa conduite nous fait désirer de le voir bientôt définitivement à Malestroit, ainsi que M. Eugène.

« Je ne puis, en ce moment, vous donner une note détaillée sur mes jeunes gens. Seulement, je vous dirai, en général, qu'aucun n'a reculé depuis ma dernière notice, il y a trois mois. Tous suivent plus ou moins vite la voie religieuse et étudient beaucoup. Il faut cependant remarquer, à l'égard de M. Mesnier, qu'on lui a reconnu plus de capacité, surtout pour écrire le français et le latin, qu'il n'en avait fait paraître d'abord. C'est même, suivant M. Bornet, un de ceux qui réussissent le mieux pour la composition latine. Mais, il manque toujours de cette activité, *de cet élan* [1] qui doit être un de nos caractères. Je ne sais même s'il sera capable d'y arriver, et voilà ce qui nous laisse toujours dans l'incertitude sur son compte.

« Notre Père Jean vous a dit un mot de la réponse de M. Leriche. Il témoigne, dans sa lettre, une grande volonté, un vrai désir de venir. Il est décidé, aux vacances de septembre, de demander son *exeat*, et il espère trouver son évêque favorable à sa demande, cependant, on va lui faire professer la morale au grand séminaire, pendant le semestre d'été, ce qui n'annonce pas des supérieurs bien disposés à le laisser partir. M. Gaume n'a pas encore répondu.

« J'aimerais vous parler de ma philosophie, et j'en aurais même un grand besoin. Cela veut dire que ce serait pour moi une sorte de nécessité de vous entendre vous-même, et d'être au courant des idées de votre ouvrage de haute métaphy-

[1] Souligné dans le texte.

sique catholique (1), pour remettre toutes les miennes dans la voie.... Tout mon travail ne sera qu'un *projet* auquel vous voudrez bien faire tous les amendements que vous jugerez à propos. Je m'y livrerais avec beaucoup de goût, si je ne me voyais pas réduit, autant par ma santé que par les détails de la maison, à n'y adonner que des heures ou demi-heures isolées, par jour. En travaillant de cette manière, je ne fais que des choses bien décousues ; mais, mon attention, dans ce premier essai, est de recueillir toutes mes idées, auxquelles je donne toute liberté, et d'en tenir note.

« Pour ne pas retarder Eugène plus longtemps, je prends, notre très cher et bien-aimé père, la liberté de vous embrasser avec tout le respect et l'amour filial dont je suis capable.

« Blanc, et pour toute notre petite communauté.

« Nous embrassons bien tous ces chers MM. de la Chênaie et surtout notre bien cher abbé Gerbet. »

(1) Cet ouvrage parut plus tard sous le titre de « Esquisse d'une philosophie », mais à son apparition, il n'avait pas seulement cessé d'être catholique : il n'était plus chrétien.

Les détails que nous venons de lire prouvent
que Lamennais avait pour ses disciples le cœur
d'un père, il s'informait de l'état de leur santé,
non moins que de celui de leurs études et les
soins qu'il leur prodiguait ou qu'on leur prodiguait en son nom expliquent amplement leur
affection filiale pour le grand homme ; ils l'aimaient, pour le moins, autant qu'ils l'admiraient,
nous l'avons déjà dit.

Nous avons retrouvé, dans les papiers de M.
Houet, la liste du personnel de Malestroit, vers
cette époque. On ne sera peut-être pas fâché de
la retrouver ici, d'autant plus que plusieurs de
ces noms ont acquis depuis une assez grande
notoriété.

Blanc	Lesbras (Gap)	De Bonfils
Rohrbacher	Daubrée	Perrin
Bornet (1)	Jourdain	Leriche
Persehin (?)	Léon Boré (2)	Lefèvre Ch.
Bouteloup	X. Qurès (?)	Davenel
Godin	Kamsinski	Defferé

(1) Plus tard grand vicaire de Mgr Gerbet.

(2) Léon Boré et son frère Eugène, mentionné plus bas, se sont
fait un nom dans les lettres.

Gobil	Sourdin	Oléron
Coquereau	Levoyer	Houet
Thébault	Genthon	Fougeray
Ant. Ruelle	Hurel	Massias
Tridant	Guilloux (1)	Houet (Julien)
Duperron	Eugène Boré (pas-	Merpaux
Lefeuvre	sagèrement).	Hallais
Cauvin	Reclus	Hercé (2)

SAINT-MÉEN (3)

Bucheron	Pricaud	La Provostaye
Roussel	Allaire	Mermet
Fontaine	Piau	Chavin
Haran	Masson	Doucet

Depuis longtemps, Lamennais comptait ses ennemis les plus irréconciliables, moins parmi les incrédules et les impies que parmi les Gallicans

(1) Le même, croyons-nous, qui devint archevêque de Port au Prince, après avoir été longtemps à Ploërmel l'un des auxiliaires les plus zélés de l'abbé Jean.

(2) Mort évêque de Nantes, neveu du dernier évêque de Dol, l'une des victimes de Quiberon.

(3) Les noms compris dans cette seconde liste sont ceux de étudiants de Malestroit détachés au Petit-Séminaire de St-Méen, en qualité de professeurs.

dont il battait en brèche les doctrines avec une vraie *furia francese* jointe à une obstination toute bretonne. Ces tenants du vieux Gallicanisme s'efforçaient de ruiner leur formidable adversaire en dénaturant ses paroles et ses écrits. Si Lamennais parlait de l'autorité papale, ils prétendaient qu'il voulait les ramener à l'absolutisme pontifical du Moyen-Age et que, selon lui, les papes avaient le pouvoir de déposer les souverains temporels, quand ils le jugeaient à propos, ou en d'autres termes, quand bon leur semblait. D'autre part, s'il attribuait aux peuples quelques droits inalié- nables et imprescriptibles ; s'il prononçait le mot de liberté, ces ennemis plus haineux, peut-être, que loyaux s'étudiaient à démontrer que Lamen- nais prêchait l'insubordination et la révolte. C'est ainsi que, de toutes façons, ils s'efforçaient de le rendre suspect au pouvoir civil, en attendant de le rendre suspect à l'autorité pontificale elle-même. Ils ne devaient que trop réussir dans cette double tâche qu'ils s'étaient imposée afin de se débar- rasser à tout prix de ce fâcheux et fougueux contradicteur. Prudents et cauteleux, ils tablaient, s'il nous est permis d'employer ce terme, sur la franchise, pour ainsi dire, outrée de Lamennais qui lui interdisait les acceptions de personnes, afin de le perdre plus sûrement. Encore une fois, leur campagne, habilement menée (Dieu nous garde d'une telle habileté !), eut un plein succès, dans ce sens qu'ils se débarrassèrent, en effet, de leur rival ; ils préparèrent et provoquèrent la chute de Lamennais, mais ils ne se délivrèrent pas aussi facilement des doctrines dont il s'était fait l'intrépide champion. Aujourd'hui, le pape est infaillible, en dépit du Gallicanisme ; et toujours en dépit de ce dernier, il est admis généralement aujourd'hui, du moins en France, que les peuples ont réellement *quelques droits* à l'égard de leurs princes et ceux-ci, par suite, *quelques devoirs* à l'égard de leurs peuples. Lorsque le Gallicanisme tua Lamennais, il avait déjà reçu de sa main le coup dont il devait mourir lui-même.

Nous avons sous les yeux la réfutation d'un ouvrage publié vers 1829 par l'un de ces Gallicans dont nous parlons. On démontre, pièces en mains, que l'auteur, à son insu, peut-être, s'est complètement mépris sur la pensée de Lamennais auquel il fait dire ce qu'il n'a jamais dit, accumulant erreur sur erreur, et triomphant d'autant plus aisément de son adversaire qu'il refuse de l'écouter ou qu'il l'entend à faux. Nous ne publions point cette réfutation péremptoire, parce que probablement elle le fut dans le temps ; mais aussi et surtout par respect pour la mémoire de cet écrivain qui fut sincère dans ses convictions, nous voulons l'admettre, mais qui, en tout cas, racheta par une mort héroïque, sur une barricade de la rue St-Antoine, en 1848, ses exagérations de doctrine. Le même sentiment nous fait un devoir de ne point reproduire, intégralement du moins, la lettre qu'écrivit, à ce sujet, M. de Lamennais, le 28 Mai 1829 et qu'il adressait au comte de S(enfft) [1]. Je me bornerai seulement à citer un fragment. Il nous donne, ce nous semble, une idée exacte de ce qui devait se passer

[1] Elle a d'ailleurs été publiée par Forgues. Si nous lui empruntons ce passage, malgré la loi que nous nous sommes faite de ne publier que des documents inédits, c'est, nous le répétons, à cause de ce que nous appellerons, si on nous le permet, son importance psychologique.

alors dans l'âme du grand écrivain qui, par son génie et l'usage qu'il en avait fait jusque-là, se croyait le droit de défendre l'Eglise, sa mère, outragée sous ses yeux.

« Le 28 mai, jour de l'Ascension 1829.

« Quand est-ce que, nous aussi, nous nous élèverons au-dessus de cette terre (comme J.-C.) ? Quand nos pieds s'en détacheront-ils et la regarderons-nous d'en haut ? Il s'en allait loin de la vallée de larmes, dans la cité de paix, là où la lumière ne tarit point, où ne pénètre aucun des vains bruits de ce monde, où tout est harmonie, vérité, amour ; il montait vers son Père, et longtemps après, l'œil de ses disciples le cherchait encore dans l'espace immense. Pauvres exilés, errants dans le désert aride et stérile de la vie, oh ! quand nous sera-t-il donné de le suivre et de prendre à jamais possession de la demeure qu'il est allé nous préparer ? *Quis dabit mihi pennas ? Volabo et requiescam* (1)...

(1) Ps. LIV. 7.

« Lorsque je viens à considérer l'étonnant
phénomène que nous offre le temps présent, je
trouve à peine assez de force en moi-même pour
me consoler d'avoir rompu le silence que tant
d'autres ont gardé, heureusement pour eux.
L'Eglise était là, seule dans l'arène, livrée aux
bêtes et aux gladiateurs. J'ai senti le désir de
combattre pour elle, de la défendre selon ma
faiblesse. Aussitôt évêques et prêtres accourent
pour voir cela [1]. Les poches remplies de pierres,
ils s'asseyent, et c'est à qui, de dessus les bancs
où ils se reposent à l'aise, lapidera le mieux le
mal avisé qui a eu l'audace de s'exposer à la dent
des ours et des tigres, *sans mission*. Ceux-mêmes
qui l'excusent de cette hardiesse s'irritent, quand
ses mouvements ne sont pas à leur gré ; ils n'auraient pas fait comme cela et la pierre arrive pour
le lui prouver.

« Ne pensez pas au reste qu'en jugeant ma posi-

(1) Nous n'avons pas besoin d'inviter le lecteur à faire la part de
l'exagération. Lamennais se servait volontiers de verres grossissants.
Il eut toujours une forte tendance à généraliser et souvent il s'y
laissa entrainer. D'ailleurs, n'oublions pas que Lamennais parle ici
dans l'intimité : on élève parfois la voix, dans sa chambre, par
inadvertance, sans songer que l'on peut être entendu du dehors.

tion, je voulusse qu'elle fût autre, en ce qui me touche personnellement. Sans doute, elle est pénible, considérée sous un jour humain ; sans doute la nature, en certains moments, se soulève et souffre. Mais ce que j'ai fait, je l'ai dû faire. J'ai obéi à Dieu, je le crois du moins, et jusqu'au bout, avec sa grâce, j'accomplirai ce qu'il demande de moi..... »

— Hélas ! hélas ! dirons-nous avec M. Houet. Encore quelques années, quelques mois, que restera-t-il de ces beaux sentiments, aujourd'hui si sincères !

En attendant la crise redoutable qui allait décider si tristement de la destinée de l'auteur, l'*Essai sur l'Indifférence* continuait d'être lu, traduit en plusieurs langues, universellement admiré : il occasionnait parfois des conversions, chose rare pour un livre purement humain. La très curieuse lettre suivante en fait foi. Elle est adressée à l'abbé Gerbet.

« Dinan ce 25 juin 1829.

On a dit que les petits cadeaux entretiennent l’amitié, aussi, me suis-je empressé de vous faire passer le Manuel de M. de la Villemeneux. Puissiez-vous y trouver quelque chose digne d’éloges ! Voici ce qu’Yvet mande à son frère Jules par ce courrier :

« — Il y a quelques mois, nous trouvâmes à l’hôpital d’Amiens, dans la salle des cuirassiers, un jeune homme célèbre par le scandale qu’il avait causé dans son régiment. Quinze duels l’avaient déjà couvert de blessures. Dieu le toucha : nous lui remettons entre les mains l’Essai de M. de Lamennais. Vaincu par la grâce, il jure de revenir à la Religion qu’il n’avait fait que blasphémer depuis plusieurs années... Il faudrait un volume pour te donner le détail de cette conversion.

« Je me rappellerai toujours le moment où, sortant vainqueur d’un combat pénible, il vint après une fervente confession se prosterner à la

Sainte-Table. Il avait choisi un dimanche ; à la grand'messe, devant tout le peuple, il traversa le chœur et vint au pied de l'autel pour recevoir la communion ; mais à ce moment, il ne fut plus maître de ses sanglots qui éclatèrent dans toute l'Eglise. Nous ne l'arrachâmes qu'avec peine à son action de grâces qu'il prolongea fort longtemps.

« Depuis il a tenu ferme, contre toutes les tentations de l'enfer. Tous les huit jours exactement, il venait se confesser à St-Acheul, et toujours il avait de nouvelles épreuves, de nouveaux affronts à raconter. On a fini par respecter sa constance et quelques-uns de ses persécuteurs sont devenus ses plus sincères amis... Il avait commencé ses études autrefois à Sorèze ; il vient de se remettre au latin et dans peu d'années, il espère faire sa théologie. Malheureusement, son régiment quitte à l'instant la garnison d'Amiens. Quand il m'a dit adieu, ses yeux étaient pleins de larmes. En l'embrassant, j'avais également le cœur bien serré... Mon ami, comme Dieu est bon ! —

« Veuillez en faire agréer mon compliment à M. de Lamennais. Il doit bien jouir de se voir ainsi l'instrument presque obligé de la Providence. Présentez-lui mes plus humbles salutations. Ménagez l'un et l'autre votre santé. Le monde chrétien en a besoin et grâces à Dieu, je suis chrétien.

« J'aurais toujours bien du plaisir à vous voir. Ma santé est encore bien chétive en ce moment. Je n'y tiens que dans l'intérêt de ma petite famille que je désirerais pouvoir élever selon Dieu. Daignez également me recommander aux prières de M. de la Mennais. Il y a toujours quelque chose de bien respectueux et de bien cordialement senti pour lui, dans les lettres que je reçois de St-Acheul.

« Votre reconnaissant et bien dévoué serviteur,

« Jh. Bazin. »

Nous ne connaissons pas d'ailleurs ce respectable correspondant de l'abbé Gerbet.

Cette naïve exagération qui consiste à donner la Providence comme étant *presque l'obligée* de Lamennais nous paraît particulièrement touchante dans la circonstance.

Voici un billet sans date, adressé à M. de Lamennais, que nous croyons cependant pouvoir rapporter à cette époque. On y voit de nouveau le degré vraiment extraordinaire de gloire et d'estime auquel était parvenu M. de Lamennais que l'on prenait pour un homme suscité de Dieu tout exprès pour la défense de la Religion et du bon droit. Nous ne sommes pas éloigné de penser que le grand écrivain reçut réellement cette mission sublime ; trop heureux, s'il l'eût remplie jusqu'au bout !

« Chargé tout seul des affaires de mon ambassade, il m'a été impossible de fournir à mon illustre et modeste ami, les notes dont il avait besoin pour l'article destiné à venger mon oncle. Faire les notes (sic), c'eût été faire l'article et comment oser remplacer ce que l'abbé de Lamennais doit écrire.

« Homme excellent que vous êtes, digne *redresseur* (1) des torts et des sottises de notre âge,

(1) Le mot est souligné dans l'original. L'auteur évidemment songeait au fameux héros de Cervantes, mais son allusion n'a rien d'ironique. D'ailleurs si Lamennais se paya souvent d'illusions, ces

laissez tomber de votre plume quelques lignes contre ces vilaines déclamations d'un sophiste déguisé, écrites avec tant de légèreté, à propos d'un homme si vénéré, et de choses si graves. Adieu, je suis à vous du fond de mon cœur.

« 3 h.   L. de Vigneti [1]. »

illusions, comme celles du romanesque hidalgo n'eurent rien que de généreux et de chevaleresque. Tout le monde n'a pas le bonheur de se tromper ainsi. Tant qu'il fut chrétien, Lamennais mérita le nom de *paladin* du pape.

(1) Nous ne sommes pas sûr de bien lire ce nom qui nous est inconnu.

CHAPITRE SEPTIÈME

1830-1831

AVANT d'aller plus loin, nous croyons devoir
insérer ici un document relatif à la Société
de Saint-Pierre dont nous avons déjà parlé et qui
eut pour premier supérieur général M. Félicité
de Lamennais. Après avoir pris connaissance de
ce document, un peu long peut-être, le lecteur,
croyons-nous, comprendra mieux la situation de
Lamennais, au moment de ce que l'on nous
permettra d'appeler sa lutte suprême. Nous le
ferons suivre d'une lettre de M. Houet, écrite lors
d'une dernière visite à cette chère maison de
Malestroit où celui-ci avait passé des jours si heureux. Nous avouons cependant que cet établissement
n'ayant pas complètement répondu à l'attente de

Lamennais et de son zèle impétueux, il s'en dégoûta vite, comme le constate ce passage d'une lettre qu'il écrivait de Juilly à son frère, le 27 Août 1831 [1]

« Gaudin et Houet partent demain de Paris pour revenir ici (à Juilly), à la mi-octobre. Ces Messieurs payent leur voyage. Il faudra de plus un professeur de seconde. Je pense que Genthon y sera propre... Le noviciat de Malestroit me pèse plus que jamais. Cette maison nous a fait beaucoup de mal. »

M. Houet avait adressé à l'un de ses amis que nous croyons être l'abbé Bouteloup toute une série de questions relatives à la Société diocésaine dont tous deux avaient fait partie à des époques diverses. Il en reçut la lettre suivante, datée de cette même maison de Malestroit qu'il avait habitée plusieurs années et qui lui était toujours demeurée si chère :

[1] Œuvres inédites de Lamennais, Correspondance. — A. Blaize II, 83.

« Malestroit, ce 27 Octobre 1855.

Mon bien cher ami,

La Société des Missionnaires fut fondée [1] par Mgr Mannay ; les premiers membres furent MM. Coëdro, Beaulieu, Corvaisier, etc.

« Cette Société existait depuis deux ou trois ans, lorsque Mgr Mannay fonda le petit séminaire de St-Méen, le 23 Octobre 1823. Le supérieur de cet établissement fut M. Dubreil ; les professeurs, Fourmond, Gendron, Bouteloup, Enoch, Nogues, Renou, Tiercelin, Mauger. Tous étaient payés, nourris, blanchis, éclairés, etc. ; le prix des pensions était loin de suffire à tant de dépenses. Convaincu que l'établissement ne pourrait prospérer, s'il demeurait sous le poids de charges si lourdes, je demandai au supérieur qu'il cherchât des hommes dévoués qui consentissent à renoncer aux honoraires attribués à leurs fonctions ; je me proposai dès lors. Nos conversations, à ce sujet, furent fréquentes, pendant les premiers mois de 1825.

(1) En 1821. Cf. M. l'abbé Guillotin de Corson. *Pouillé historique*, etc. t. III p. 536 et seq.

Pendant les vacances de Pâques, M. Dubreil
voulut revoir son pays de Cancale, et soit en s'y
rendant, soit en revenant à St-Méen, il passa à la
Chesnaie, fit part de nos entretiens à l'abbé Jean
qui prit la balle au bond et compta aussitôt au
nombre de ses futurs congréganistes les sieurs
Dubreil, Nogues, Enoch et Bouteloup. Peu de
jours après avoir pris possession de son siège,
Mgr de Lesquen, vint, sous prétexte de visiter son
petit séminaire de St-Méen, régulariser nos pro-
jets de congrégation et nous faire signer le premier acte de notre engagement. La première
retraite fut fixée au 8 Septembre suivant. Monseigneur voulut réunir la Société des Missionnaires
établie et fondée par son prédécesseur : elle avait
1800 ou 2000 francs de rentes sur l'Etat, produit
des quêtes faites pour l'œuvre dans le diocèse et
des cotisations fixées et imposées au clergé par
Mgr Mannay. Mgr de Lesquen voulut réunir la
Société des Missionnaires à la congrégation des
Prêtres de St-Méen et envoya à notre première
retraite M. Coëdro qui à son retour à Rennes
apprit à ses cosociétaires ce qui s'était passé à

Ploërmel et leur proposa de se réunir, comme il l'avait fait lui-même, aux prêtres de St-Méen ; plusieurs l'imitèrent, quelques-uns se retirèrent et rentrèrent dans le ministère. Dans cette première retraite, M. Jean fut nommé supérieur [1], M. Coëdro, premier assistant et supérieur des Missionnaires, M. Dubreil, deuxième assistant et supérieur du petit séminaire et votre serviteur, économe dudit séminaire. L'abbé Enoch n'assista pas à la première retraite.

« L'abbé de la Mennais n'était pour rien dans l'administration du séminaire de St-Méen avant cette première retraite.

« M. Coëdro, voyant la difficulté de procurer à la Société dont il était supérieur des sujets à son gré et capables par leurs talents de soutenir l'honneur et les fatigues de la Mission, demanda la réunion à Mgr de Lesquen et celui-ci l'imposa, au grand déplaisir de M. Dubreil et de votre

______

(1) Aujourd'hui encore le Supérieur général des Prêtres de l'Immaculée Conception est distinct du Supérieur des Missionnaires, son subordonné.

serviteur qui s'y opposa autant qu'il put : il était trop petit pour lutter avec avantage...

« Je ne peux répondre à la cinquième question, vous étiez vous-même à Rennes, au noviciat, avec l'abbé Oléron et par conséquent mieux placé que moi pour être instruit de la transformation qui eut lieu à cette époque et de la translation de Rennes à Malestroit. La réunion à Malestroit eut lieu dans le courant du mois de Janvier 1829 : les premiers colons furent MM. Blanc, Rohrbacher, Bornet, Percehaie [1], Sourdin, Perrin, Lefèvre, Allain, Davenel, Lesbrosses, Genthon, Godin, etc.

« Voilà, mon cher ami, les seuls renseignements, que je peux vous fournir ; occupé uniquement de mon administration, je suis resté absolument étranger aux affaires générales de la Congrégation. Les supérieurs, soit défaut de confiance, soit qu'on ne trouvât point en moi les qualités nécessaires pour m'y faire prendre une part active, soit tout autre motif de leur part, jugèrent à propos, pendant tout le temps que j'ai fait partie de la congré-

[1] Le même nom que, p. 236, nous lisions, à tort, *Persehin*.

gation, de me tenir à l'écart de l'administration générale, je ne m'en suis point plaint, ni m'en plaindrai jamais. Les défauts de charité, d'unité, un grand et gros brin d'orgueil ont miné pendant quelques jours notre corps social et sur ces entrefaites, il s'éleva un vent sec et aride qui lui fit perdre la respiration. Son agonie fut longue et douloureuse. Beaucoup de nations se réjouirent de sa mort et tout en célébrant, à leur manière, ses funérailles, elles se partagèrent avec avidité ses pauvres dépouilles. Quoi qu'il en soit, disons ensemble : *Requiescat in pace* ; et vous, mon cher ami, ne pleurez pas trop : vos larmes ne sauraient la ressusciter.

« Recevez l'assurance de mes sincères amitiés et croyez-moi toujours en N. S.

« Votre bien dévoué ami et confrère,

« B.... »

Sur la même feuille se lisent les observations suivantes, écrites de la main de M. Houet :

— Additions. Au mois de Novembre 1825, une Société universelle de biens fut formée entre

MM. J.-M. Robert de la Mennais, Pierre Louis-
François Coëdro, Tanguy Joseph Dubreil, Jean-
François Corvaisier, Servan Lévêque, Joseph-
François Hérisson, Emile Feildel, François-Xavier
Enoch, Jean... [1], Marie Bouteloup ; les contrac-
tants mirent en commun tous les biens meubles
qu'ils possédaient actuellement, etc. (voir *Exposé*
par M. de Lamennais, lors de la dissolution), en
se réservant la propriété de leurs immeubles
personnels et ne mirent en commun que les
revenus.

A la même époque, les sociétaires passèrent
un traité avec Mgr l'évêque de Rennes par lequel
ils furent chargés de l'administration temporelle
de la maison des Missionnaires de Rennes et du
petit séminaire de St-Méen.

En 1828, la Société religieuse, dite de St-Méen,
se transforme du consentement de tous ses
membres (c'est-à-dire de ceux qui avaient des
vœux perpétuels) en une autre Société, dite de
St-Pierre dont M. Félicité de La Mennais fut
nommé le chef, à l'unanimité des voix. Des statuts

(1) Nom illisible.

nouveaux furent publiés dans la retraite du mois de Septembre 1828 [1].

Au mois de Septembre 1833, la Société élut pour Supérieur général M. J.-M. de la Mennais, en remplacement de son frère [2].

Par une lettre, en date du 2 Septembre 1834, Mgr de Lesquen annonça à M. J.-M. de la Mennais qu'il prenait sous sa direction immédiate les membres de la Congrégation qui se séparaient *du dit sieur de la Mennais,* laissant à chacun cependant une entière liberté de demeurer avec lui, ce qui déliait tous les membres de leurs vœux. Aussi Feildel écrivait-il, le 14, que la Société, fondamentalement désorganisée, se reconstituait sur de nouvelles bases et que l'évêque se réservant l'admission des membres, c'était à lui qu'il fallait s'adresser pour entrer dans cette congrégation nouvelle. —

M. Houet voulut revoir, une fois encore, l'établissement de Malestroit où il avait passé de

----

(1) 1829, d'après la Notice, citée par M. Guillotin, op. cit. t. III, p. 538.

(2) Dont Mgr de Lesquen annula l'élection *faite à son insu.*

si douces années, pendant que cette maison était annexée à la Chênaie et se trouvait placée dès lors sous la haute direction de Lamennais. Il s'y rendit en Septembre 1889 [1] et de Malestroit même il adressa la lettre suivante à l'un de ses amis dont il ne nous dit pas le nom, mais qui devait être l'un de ses anciens condisciples. Il n'avait pas revu cette maison depuis le temps où il l'habitait, aussi les souvenirs se pressent-ils en foule dans son âme, joyeux ou douloureux ; mais comme toujours, hélas, dans ces concerts intimes, c'est la note triste qui est la dominante.

« Malestroit, 23 Septembre.

« Enfin j'ai revu Malestroit et depuis deux jours j'erre, comme une âme revenue sur la terre, au milieu des choses et des hommes de notre vieux temps. Voilà bien notre ancienne communauté,... (mot illisible) devenue pour quelques années celle de St-Pierre, voilà notre jardin, notre jeu de boules, où le P. Rohrbacher voulait nous

***

[1] Quelques mois seulement avant sa mort.

entraîner ..... (mots illisibles) et où, cédant à nos représentations, son humilité poursuivait Levoyer, les larmes aux yeux, pour lui faire de cordiales, d'attendrissantes excuses. Voilà Rogat, voilà Lieuzal où Jourdain aimait à faire du grec avec l'ex-maire de Laval, M. de Hercé, qui se plongeait dans Euripide avec autant de volupté que Lefèvre dans les eaux limpides de l'Oust. Hélas ! plus personne, personne de cet ancien monde qui fut le nôtre... J'en avais revu quelques débris un an après la catastrophe. Aujourd'hui *les ruines mêmes ont péri* [1].

« La chambre de l'abbé Blanc, celle de M. Bornet, la mienne, etc. sont occupées par de saintes filles qui y font plus sûrement l'œuvre de Dieu et que Dieu a comblées de ses bénédictions. La maison est plus que triplée. *Laudetur J. C. qui exaltavit humiles.* — Prions l'un pour l'autre, cher bon ami, vous me manquez bien dans mes petites excursions ! Combien il serait doux de mettre en commun nos souvenirs déjà si lointains et qui, chaque jour, s'affaiblissent en perdant

[1] *Etiam periere ruinæ.* Lucain.

leur vivacité. Dédommageons-nous de quelque manière en redoublant de prières l'un pour l'autre. Je vous recommande bien instamment mon unique sœur qui faiblit de jour en jour davantage.

« Je quitte Malestroit, demain matin, Josselin après demain, Ploërmel vendredi.

« Tout à vous encore une fois, en N. S.

« Houet, chan. »

Dix jours avant la chute de la Restauration, Lamennais écrivait à l'abbé de Hercé, neveu du dernier évêque de Dol, et lui-même, plus tard, évêque de Vannes :

« A la Chênaie, le 16 Juillet 1830.

« Je suis vivement touché de votre souvenir, Monsieur, et je conserverai soigneusement l'ouvrage qui en est pour moi le précieux gage. Quoique très indigne de pénétrer dans ces sortes de sanctuaires de la science orientale [1], je puis, bien que profane, jeter peut-être du dehors un regard timidement curieux sur quelques-uns des mystères auxquels je dois renoncer à être initié,

[1] M. de Hercé passait pour un orientaliste distingué.

et qui pour vous n'ont aucuns voiles (sic).
L'espérance que vous me donnez de vous posséder
quelques jours ici, est déjà un bienfait dont je
vous remercie. Je jouis d'avance du fruit que je
retirerai de votre conversation si intéressante, si
instructive et si variée. L'abbé Gerbet a bien
regretté d'être privé de cet avantage, lors de son
passage à Laval [1]. Il eût aussi désiré beaucoup
de présenter ses hommages à Madame d'Ozon-
ville. Je vous prie de lui faire agréer les miens,
ainsi qu'à Madame de Vaufleury. Vous ajouteriez
à vos bontés, si vous vouliez bien assurer mon
cher William, que je n'oublie point les jours que
nous avons passés ensemble, et que jamais il ne
cessera d'être présent à mon cœur.

« On doit peu s'étonner des progrès du libé-
ralisme, c'est la marche naturelle des choses, et,
dans les desseins de la Providence, la préparation
au salut, je le crois du moins. La religion, empri-
sonnée dans le vieil édifice politique, véritable
cachot de l'Eglise, ne reprendra son ascendant

---

(1) Où résidait alors l'abbé de Hercé et où il avait exercé les
fonctions de maire, comme nous le disait tout à l'heure M. Houet.

qu'en recouvrant sa liberté ; et c'est là le service que ses ennemis, instruments aveugles d'une Puissance qu'ils méconnaissent, ont reçu d'en haut l'ordre de lui rendre. Tout se prépare pour une grande époque de restauration sociale, mais qui devra, comme il arrive toujours, être achetée par beaucoup de travaux, de souffrances et de sacrifices. Pour nous qui ne seront plus quand elle s'accomplira [1], saluons de loin cette espérance, comme les prophètes celle du Messie, et supplions Dieu de répandre, parmi les catholiques et dans le clergé surtout, les lumières qu'exige sa position présente, et que tant d'hommes, d'ailleurs estimables, ne savent pas même encore désirer.

« Veuillez agréer l'assurance des sentiments pleins de respect et d'affection avec lesquels j'ai l'honneur d'être, Monsieur, votre très humble et obéissant serviteur.

« F. de la Mennais [2]. »

(1) Nous l'attendons toujours, hélas !

(2) M. Houet nous apprend, dans une note, que l'original de cette lettre lui a été remis autrefois par Mgr Maupoint, ancien vicaire général de Rennes, mort évêque de la Réunion.

Quelques mois après la chute de la Restauration, Lamennais fonda le Journal l'*Avenir* (16 Oct. 1830), nous n'avons pas besoin de rappeler dans quelles circonstances.

Cependant les ennemis de Lamennais ne désarmaient pas. Ecrasés par le génie et la logique de leur adversaire, ils employaient la ruse du renard contre ce lion qui ne croyait qu'à la force de la raison et du bon droit. Pour le déconsidérer plus sûrement, nous l'avons observé déjà, ils lui prêtaient gratuitement des opinions qui n'étaient point les siennes, interprétant ses écrits, ses paroles, ses moindres gestes et ceux de ses amis d'une façon défavorable ; s'appliquant à ulcérer ce cœur généreux. Encore un peu de patience et quelques efforts, MM. les Gallicans, vous obtiendrez un succès plus complet, peut-être, que vous n'eussiez osé le rêver : votre ennemi vous débarrassera lui-même de sa personne encombrante, mais vous paierez cher votre triomphe d'un jour. L'Ultramontanisme que Montalembert appellera plus tard « *la progéniture directe de l'école de La Mennais* », école dont alors il ne fera plus partie depuis longtemps et que Lacordaire, transfuge, lui aussi, des premières doctrines de son ancien Maître, définira, avec une brutalité de termes qu'il eût amèrement déplorée, s'il avait vécu dix ans de plus, « *la plus grande insolence qui se soit encore autorisée du nom de J.-C.* [1] », l'Ultramontanisme, dis-je, remportera, sur son rival, une victoire décisive, de telle sorte que l'on pourra dire que s'il y a encore des Gallicans, il n'y a plus de Gallicanisme, et que s'il existe encore quelques soldats, dispersés çà et là, il n'y a plus d'armée, il ne peut plus y en avoir.

Le marquis d'Albertos [2] ayant pris la défense de Lamennais, contre certains calomniateurs, le grand écrivain crut devoir le remercier par la

---

(1) Testament du P. Lacordaire, publié par Montalembert, (1870) p. 17.

(2) La lettre que nous allons reproduire et dont nous croyons avoir l'original entre les mains, sans pourtant, cette fois, oser l'affirmer, a été publiée intégralement par Ange Blaize, *tome second, p. 76 et seq.*, avec cette suscription : « A M. de Mazenod » alors vicaire général et plus tard évêque de Marseille. La suscription de celle que nous possédons : « *A M. le marquis d'Albertos* » ne nous semble pas de la même main que le corps de la lettre. Mais, encore une fois, nous ne reconnaissons plus ici, d'une façon certaine, l'écriture de Lamennais. Quoiqu'il en soit nous n'hésitons pas à reproduire cette lettre, vu son importance.

lettre suivante, d'une importance trop considérable, pour que, malgré sa longueur, nous ne la reproduisions pas intégralement ; quelques-uns des points qu'elle touche, sinon tous, étant encore pleins d'actualité. Elle est datée de Juilly où se trouvait alors Lamennais, chez son ami l'abbé de Salinis qui avait, quelques mois auparavant, rouvert le collège autrefois célèbre de ce nom.

« Juilly, le 7 Avril 1831.

« Je ne sais, Monsieur, comment vous exprimer ma reconnaissance des soins que vous voulez bien prendre pour découvrir la source des calomnies qu'on a répandues contre moi dans vos provinces. La Providence permettra, j'espère, que ces impostures soient pleinement dévoilées. Ayant appris de Mlle Laiguille que le P. Charles lui avait dit *avoir vu* la prétendue lettre qu'on m'accuse d'avoir écrite (1), j'ai écrit à ce dernier

(1) Ainsi qu'on le voit, les ennemis de Lamennais n'hésitaient pas à fabriquer, de toutes pièces, les documents dont ils croyaient avoir besoin et de les signer tout simplement de son nom : procédé plus commode qu'honnête.

que je crois être un très pieux ecclésiastique, pour lui demander des renseignements et comme j'ignore son adresse, j'ai prié l'abbé Combalot, qui a prêché le carême à Marseille, de lui remettre ma lettre. Peut-être sera-ce un moyen d'arriver jusqu'au premier auteur de ces bruits calomnieux. Du reste, je me suis empressé, selon votre conseil, d'envoyer aux ecclésiastiques dont vous avez la bonté de m'indiquer les noms, le numéro de l'*Avenir* qui contient ma dénégation.

« J'ai encore, Monsieur, à vous remercier de ce que vous voulez bien me faire connaître les reproches qu'on m'adresse généralement. C'est un véritable service que vous me rendez, et plût à Dieu qu'on voulut toujours s'expliquer ainsi *avec franchise et charité* ; on serait bien près de s'entendre. En vous exposant ma pensée à l'égard de ces reproches, je suivrai l'ordre que vous avez suivi vous-même :

« 1° Personne ne respecte plus que moi des sentiments honorables en eux-mêmes ; mais je crois, d'une part, qu'on ne peut légitimement les mettre à la place de la doctrine de l'Eglise, hors de laquelle je ne connais aucunes règles sûres, ni aucunes règles quelconques ; et d'une autre part, qu'on doit, comme tous sentiments humains, quels qu'ils soient, les subordonner aux intérêts de la Religion ; autrement on mettrait quelque chose au-dessus de Dieu.

« 2° Il existe des libéraux honnêtes et religieux ; il y en a d'autres qui ne le sont pas. Quant aux premiers, je ne comprends pas comment des Chrétiens repousseraient quelques-uns de leurs frères et se maintiendraient à leur égard dans un état d'inimitié, uniquement parce qu'ils ont des opinions politiques différentes. Quant aux seconds, ou ils comprennent la nécessité de défendre l'ordre et par conséquent les droits de chacun, et alors c'est un devoir de s'unir à eux dans cette limite ; ou, au contraire, ils veulent attaquer ces droits et renverser l'ordre, et en ce cas, le devoir évident est de les combattre.

« 3° Il est certain, et je l'ai répété plusieurs fois, qu'*en droit*, le clergé peut légitimement réclamer une indemnité à raison de ses biens confisqués par la Constituante. Mais *en fait*, le gouvernement ne reconnaît pas son titre, et considérant comme un vrai salaire ce qu'il lui accorde par le budget, il traite en conséquence les évêques et les prêtres comme des salariés et fonde sur ce prétexte l'oppression dont il les accable. Sans cesse, il répète que le traitement les rend fonctionnaires publics ; d'où il conclut qu'il a sur eux, comme sur tous les autres fonctionnaires, un pouvoir de commandement, incompatible, on ne le sait que trop, avec la liberté essentielle du sacerdoce [1]. Dans cette position, il faut, ou que le gouvernement change de principes, ce qu'il ne fera pas, ce qu'il ne peut pas faire, ou que le clergé se soumette à une dépendance mortelle pour l'Eglise, ou que, pour recouvrer la liberté, il renonce au traitement que l'Etat lui paye. Il m'a paru que des prêtres catholiques, des hommes de foi ne pouvaient pas hésiter un seul moment.

« 4° Je ne pense pas qu'il y ait aujourd'hui une seule personne, en France, qui croie à la

[1] Si Lamennais vivait encore, ne pourrait-il pas tenir un peu le même langage, pour les mêmes motifs ?

possibilité que le Catholicisme s'y conserve, dans le cas où le gouvernement continuerait de nommer les évêques. Déjà l'on assure que les évêchés sont vendus, comme toutes les autres places. Et quand ils ne le seraient pas, que serait-ce que des évêques choisis par nos persécuteurs, par des Mérilhou et des Montalivet ? Tout notre avenir est dans cette question. Il a donc été de notre devoir d'en avertir Rome, et qu'avons-nous fait que supplier humblement nos premiers pasteurs, de transmettre au Pasteur Suprême et nos craintes et nos vœux ? Pouvions-nous agir plus catholiquement [1] ?

« 5° Je n'ai été l'intermédiaire d'aucune négociation. Je n'ai jamais eu le moindre rapport avec le gouvernement actuel, non plus qu'avec l'ancien. Par principes et par goût, toujours obscur pour être indépendant, de ma vie je n'approchai d'aucune cour, d'aucune puissance. Voilà l'exacte vérité.

---

(1) Tous les évêques auxquels dut s'adresser Lamennais ayant été choisis de la façon qu'il juge essentiellement vicieuse, nous ne pouvons nous empêcher de sourire de sa candeur.

« 6° Parmi les paroles de mon avocat [1], il y en a eu plusieurs que j'ai regrettées vivement et auxquelles je prévis qu'on ne manquerait pas de donner une interprétation malveillante. Mais je n'avais pas pu les deviner, et je ne pouvais pas davantage établir, au milieu de l'audience, un colloque entre lui et moi, une discussion toute personnelle, étrangère à la cause. Pour qui veut lire, il est d'ailleurs évident, par l'ensemble de son plaidoyer, qu'en parlant de réforme, de restauration du Catholicisme, etc., il avait eu en vue de désigner la guerre qu'en effet, je n'ai pas cessé de faire au Gallicanisme.

« 7° Je ne suis pas surpris que mon petit article sur les évènements de Février, ait paru fort étrange, après les révélations qui sont venues depuis. J'étais alors à la campagne, on m'écrit

---

(1) Elles avaient été prononcées dans un récent procès. L'avocat de Lamennais était M. Janvier, homme de grand talent. — Cf. Montalembert : *Le Père Lacordaire*, p. 28. Dans cet ouvrage et pour cause, Lamennais est constamment sacrifié à Lacordaire : M. de Montalembert et ses amis, les libéraux, ne pouvaient pardonner au premier, dont pourtant ils avaient tout d'abord partagé les opinions, d'avoir implanté en France les idées ultramontaines, qui jusque-là n'avaient jamais pu s'y acclimater, et d'avoir préparé, je dirais presque assuré leur triomphe définitif.

qu'une démonstration carliste a eu lieu dans l'Eglise St-Germain-l'Auxerrois, qu'à la suite de cette tentative de désordre, les croix tombent, l'archevêché est envahi, démoli, etc. et l'on me demande en toute hâte quelques mots pour séparer la cause des catholiques de celle des hommes qui paraissent la compromettre par leurs folies.

« J'envoie sur-le-champ quelques mots. Lorsqu'ils arrivèrent, les choses avaient commencé à s'éclaircir, en conséquence, il fut décidé qu'on n'insérerait point mon article dans l'*Avenir*. C'était le soir, on était pressé, cet article se trouva mêlé à d'autres papiers et fut, par méprise, porté avec eux à l'imprimerie, c'est ainsi qu'il a paru, et dans tous les cas, l'on a bien dû voir qu'il avait été écrit sur de premiers bruits qui le justifiaient, et que rien n'avait démentis encore.

« Vous pouvez, Monsieur, communiquer ces observations à qui vous le jugerez à propos. Catholique sincère et ne voyant en ce monde que les intérêts de la Religion, qui me sont mille fois plus chers que la vie, je voudrais que mon âme

fût transparente, afin que chacun pût y lire mes
sentiments les plus secrets. On y verrait, avec un
dévouement plein d'amour pour le St-Siège, un
respect profond pour l'épiscopat, et une soumission qui n'a d'autres bornes que celle due avant
tout par tous les catholiques aux Pontifes Romains.
Voilà sur ce point ma profession de foi, et j'espère
y demeurer fidèle jusqu'à mon dernier soupir [1].
Oh ! que l'état du Catholicisme changerait parmi
nous, si l'on aimait par-dessus toute chose Jésus-
Christ et son Eglise ! Prions-le d'allumer lui-
même ce saint amour dans tous les cœurs.

« Je vous réitère, Monsieur, l'assurance des
sentiments respectueux et de la gratitude avec
lesquels j'ai l'honneur d'être, etc.

« F. de la Mennais. »

Quinze jours plus tard l'abbé Jean écrivait de
Rennes à Madame de Vaufleury à Laval.

[1] Espoir dont personne n'a le droit de suspecter la sincérité, bien
qu'il dût être si tôt, si cruellement, si *volontairement* déçu. L'esprit
humain, souvent à son insu, est un abîme de faiblesses et de contradictions. En présence de l'extrême fragilité de notre pauvre nature,
nous ne pouvons que trembler et redire avec St-Paul : « *Qui se*
existimat stare videat ne cadat. » (1 Cor. x. 12).

« Rennes, le 24 Avril 1831.

« Madame,

« J'ai l'honneur de vous envoyer, comme je vous l'ai promis en passant à Laval, mercredi dernier, la lettre de mon frère à M. le marquis d'Albertos [1], vous pouvez la montrer, mais sans en laisser prendre de copie par personne, car on pourrait l'altérer involontairement, ou la rendre publique, ce qui n'est pas dans l'intention de mon frère : il sait souffrir en silence et en paix ; les discussions purement personnelles lui semblent avoir presque toujours plus d'inconvénients que d'avantages.

« Je suis heureux de pouvoir vous offrir de nouveau, Madame, l'hommage du respect profond avec lequel je suis

« Votre très humble et très obéissant serviteur.

« L'ab. J.-M. de la Mennais. »

Lamennais était l'un de ces hommes à l'égard de qui on ne saurait demeurer indifférent, pour

[1] Celle que nous venons de lire.

peu qu'on s'occupe d'eux : profondément sympathiques ou antipathiques on les aime ou on les hait à plein cœur, parce qu'eux-mêmes ne savent ni aimer, ni haïr à demi. C'est ainsi que nul, plus que lui, n'eut de partisans dévoués, enthousiastes, ou des adversaires plus irréconciliables : il symbolisait la cause dont il s'était fait le champion, dès lors les sentiments que l'on éprouvait à l'égard de celle-là se reportaient naturellement sur la personne de celui-ci.

FIN DU PREMIER VOLUME

TABLE

—

INTRODUCTION

CHAPITRE PREMIER

CHAPITRE DEUXIÈME

1809-1815

CHAPITRE CINQUIÈME

1823-1826

CHAPITRE SIXIÈME

1827-1829

CHAPITRE SEPTIÈME

1830-1831

NOTE

—

La gravure placée en tête de ce volume est la reproduc-
tion d'un portrait inédit de Lamennais peint autrefois par le
marquis Fournier de Bellevue qui dut à son talent d'artiste
d'être nommé inspecteur général des beaux-arts, sous la
Restauration (Voir *Confidences de Lamennais,* page 78).
Le château de M. de Bellevue était situé dans le voisinage
de la Chênaie. Très lié avec les deux frères, mais plus particulièrement avec Féli, ce peintre amateur s'occupa de fixer
sur la toile les traits de son ami, alors jeune et encore inconnu. Nous devons à l'obligeance de Madame de la P. B...,
fille de M. le marquis de Bellevue, la communication de ce
très-intéressant portrait.

ERRATA

Page 93, note ; au lieu de *1819,* lisez *1816.*
Page 264, ligne 8, au lieu de *seront,* lisez *serons.*

Achevé d'imprimer

le premier Août mil huit cent quatre-vingt-douze

par

LEMERCIER & ALLIOT

à *NIORT*

pour

HYACINTHE CAILLIÈRE, EDITEUR

à *RENNES*.